沃顿创新课

创新思维
带来有机增长

[美]乔治·S.戴伊 著
（George S. Day）

尹雪姣 译

Innovation
Prowess

Leadership Strategies for
Accelerating Growth

中国科学技术出版社
·北 京·

© 2013 by George S. Day
First published in the United States by Wharton School Press

北京市版权局著作权合同登记 图字：01-2023-1594

图书在版编目（CIP）数据

　　沃顿创新课：创新思维带来有机增长 /（美）乔治
·S. 戴伊（George S. Day）著；尹雪姣译 . —北京：
中国科学技术出版社，2023.7
　　书名原文：Innovation Prowess: Leadership
Strategies for Accelerating Growth
　　ISBN 978-7-5236-0059-7

　　Ⅰ .①沃… Ⅱ .①乔… ②尹… Ⅲ .①企业创新—研
究 Ⅳ .① F273.1

中国国家版本馆 CIP 数据核字（2023）第 086013 号

策划编辑	申永刚　李　卫	责任编辑	庞冰心
封面设计	仙境设计	版式设计	蚂蚁设计
责任校对	焦　宁	责任印制	李晓霖

出　　版	中国科学技术出版社
发　　行	中国科学技术出版社有限公司发行部
地　　址	北京市海淀区中关村南大街 16 号
邮　　编	100081
发行电话	010-62173865
传　　真	010-62173081
网　　址	http://www.cspbooks.com.cn

开　　本	880mm × 1230mm　1/32
字　　数	103 千字
印　　张	6.25
版　　次	2023 年 7 月第 1 版
印　　次	2023 年 7 月第 1 次印刷
印　　刷	北京盛通印刷股份有限公司
书　　号	ISBN 978-7-5236-0059-7/F·1150
定　　价	59.80 元

序言

如果有人问一家公司的经营者："贵公司是否充分发挥了增长潜力？"

答案往往是否定的。然而，这就是问题所在。

诚然，一系列创新带来的优势增长可以有力驱动公司股价抬升。华尔街金融业明白这一点，企业管理层也明白。这使得追求有机型增长而非增量型增长成为企业内部头等要务——企业通过内部调整实现顶线增长（也就是营收增长）和利润增长。2010年，有26%的企业把有机型增长作为它们的头等要务。另外，71%的企业表示，有机型增长是企业三项战略要务之一。然而，还有一些企业管理者对其企业能否实现宏大的有机型增长目标持怀疑态度。

本书适合主管实现企业增长目标的高层管理团队人员阅读。本书可以解答各企业面对的战略性问题：如何加速获得利润和收入的有机增长，赶超行业其他竞争者？换言之，如何全面解锁企业的增长潜力？

　　针对书中陈述的有机型增长这一挑战，25 年多来，我一直致力于此项研究。面对严苛的客户，比如，美国通用电气公司（General Electric）、戈尔公司（W. L. Gore & Associates）、美敦力公司（Medtronic）、泰科电子公司（TE Connectivity）、强生公司（Johnson & Johnson）等，加上许多其他公司的要求，我深感责任在肩、任重道远。经过数十次战略商讨会以及高级企业管理人员培训课程，我从同事、学员和众多与会者身上不断汲取灵感，吸收了很多营养。

　　我得出的答案是，增长落后型企业缺乏而增长领先型企业独具的能力可以概括为一个词——"创新能力"。我认为，创新能力可分为两个方面：首先，制定一个井然有序的寻求增长的流程，确立宏大但可实现的增长目标，运用由外及内的方式搜寻发展机遇。同时，打造企业文化，挖掘企业潜力，建设企业组织架构与配置，让其服务于企业创新与增长。增长领先型企业将以上两个方面完美结合，形成高效的自我加强循环，从而把发展目标转化为赢利行为。这意味着增长领先型企业可以快速地把握住增长机遇，更快地占领市场。因为整个企业都支持增长，那么它们的成功概率会远远高于行业平均水平。这才是创新能力。我真诚地期望通过阅读本书，读者们能为自己的企业开发出创新能力。

我愿意用一个比喻来描绘我撰写此书的过程，它就像是一场早期的商队旅行。要做到旅途顺利，一定离不开对目的地的洞悉，同行者的指引，继续前行的勇气与意愿，同事、朋友及家人的支持。也许在这里，我仅仅列举出了一部分曾帮助我完成此书的朋友们。但他们中大部分人来自沃顿商学院麦克技术创新中心，该中心以促进企业创新实践为己任。尤其是，我的同事哈比尔·辛格（Harbir Singh）、尼古拉吉·西格尔科夫（Nicolaj Siggelkow）、卡尔·乌里希（Karl Ulrich）和保罗·休梅克（Paul Schoemaker），以及高级研究员特瑞·法德姆（Terry Fadem）、拉里·休斯顿（Larry Huston）和丹尼尔·兹韦德勒（Daniel Zweidler），我从他们身上学到了不少。威廉（William）和菲利斯·麦克（Phyllis Mack）曾对创新研究中心给予慷慨支持，为此我甚为感激。特别致谢我的同事戴维·罗伯逊（David Robertson）和塞卡特·乔杜里（Saikat Chaudhuri），他们为此书的早期版本提出过宝贵的反馈意见。最后，特别向杜克大学富卡商学院的克里斯廷·穆尔曼（Christine Moorman）致谢，她在此书构思的过程中给我带来很多启发。

起初，史蒂夫·科布林（Steve Kobrin）和香农·伯尔尼（Shannon Berning）两人邀请我为沃顿商学院出版社构思一本新书，作为沃顿商学院管理学必修课程系列书目之一。他们的鼓舞、激励与高超的图文编辑能力为本书增光添彩。索纳合作伙伴公司（Sona Partners）的蒂姆·奥格登（Tim Ogden）采取读者视角，以具有说服力的叙述手法改编书稿，终成定稿，成为此次商队旅行的向导。

谨以此书献给我的孩子们莎伦（Sharon）、杰弗里（Geoffrey）、马克（Mark），他们曾带给我创作灵感；同时，我想把它献给我亲爱的妻子爱丽丝（Alice），感谢她一直给予我的热情支持。

目录

导语

增长挑战

贵公司是否由于下列原因正在寻求增长的道路上艰难前行？

● 贵公司是否很难顺利地从想法走向现实？

● 贵公司是否未能预判机遇出现，且对竞争者的出现始料未及？

● 贵公司创新活动的生产效率是否落后于竞争对手？

● 贵公司是否迫于地盘之争和短期压力，时常从长期的创新计划中撤出创新资源？

● 贵公司的企业文化是否趋于内向保守，且时常主动回避风险？

一旦错失增长机遇，贵公司是否无法落实相关责任人？

出现上述棘手问题，对于一家企业来讲算是一种常见现象。

无论是在商业领域还是在大众媒体视野中，人们都对创新者充满了敬意。然而，现实中却罕有企业能牢牢把握住促进有机增长的方法。但长于创新的企业的确是存在的，且发展势头迅猛强劲。增长领先型企业，比如，国际商业机器公司（IBM）公司、耐克公司、捷运公司、乐高公司和亚马逊公司始终保持着高速的有机增长，领先于同行业竞争者。我撰写本书的目的是推广增长领先型企业的经验，让广大读者了解并学习。通过书中讨论的策略、流程和方法，读者能够建立一套经过试验确实有效的综合模式，有效提升企业有机增长的速度。

管理实践领域一流的思想家之一彼得·德鲁克（Peter Drucker）曾把创新看作一门学科，正如乐器演奏一样，创新是一种可以学习、可以实践的技能。他认为创新就是设计出一套识别机遇的体系，能为客户提供新的价值，通过严格的工作流程，充分开发并利用机遇的过程："所有我见过的成功的企业家身上都有一个共同点，它不是一种性格特点，而是对系统创新实践的一种全情投入。"

德鲁克的创新理论很少得到正面验证。在创新实践领域，常见的情形是一些反例。例如，我咨询过的这家企业——艾克美特科技有限公司（ActivatorCo）。这是一家大型公司，主营液压系统，用于抬升电梯，移动飞机襟翼。这家公司上马的项目太多，导致资源出现短缺。公司涉足许多新市场，不断扩张生产线，甚至不惜从液压技术转向线性感应技术。然而其众多项目的完成度都很低。当新产品发布时，公司准备不足，不但未能及时推出通过测试的合格新品，而且还出现了产品缺陷逃逸。公司迫于压力，未经过充分的销售培训、切实论证，在缺少支持的情况下匆忙推出新产品，导致很多问题遗留下来，给公司未来的发展造成诸多隐患。艾克美特科技有限公司的发展之路可谓步履蹒跚，公司内部士气低落、意志消沉，集团领导深感挫败。

好心办坏事，艾克美特科技有限公司不就是这种情况。企业想要谋求增长，但正是企业自身妨碍了自己的发展。艾克美特科技有限公司本身不是增长领先型企业，而是增长落后型企业。对增长落后型企业而言，贸然增加研发费用或者对创新价值链的其他部分增加投资，往往很难取得成功。相反，这样做很可能会让情况变得更糟糕。失败的症结可不单单是缺乏资金、缺少机遇或者是没有发展目标这些问题。从根本上讲，这是企业缺乏创新能力导致的。

增长落后型企业与增长领先型企业：区别在于创新能力

为获取创新能力，企业必须将其寻求增长活动中的战略规划与实现增长战略意图的组织能力二者结合起来。两个方面共同发挥作用，才能有效提升企业有机增长的速度，赶超竞争对手，然后始终保持高速的有机增长。

增长领先型企业的领导者和员工拥有卓越的创新能力，因此他们可以满怀信心地投入加速增长的事业中。凭借规范有序的增长方式，他们可以挑选出最佳的发展路径，备足创新资源并且不折不扣地执行相关计划，确保最终获得成功。战略前端已经准备就绪，整个公司全力支持增长，因此公司的增长计划在市场上获得成功的概率大大提升。反之，增长落后型企业的领导者和员工的创新能力早已失去活力，因此他们难以制定出宏大的增长战略，这就进一步打压了他们对企业能力的信心。

托马斯·爱迪生曾说过："天才就是百分之一的灵感加上百分之九十九的汗水。"增长策略激发增长领先型企业的创新灵感，与此同时，企业也会运用其组织能力全力以赴推进实施增长策略。企业能力通过以下三种强化要素凝聚力量：

1. 一个鼓励创新和探索的企业文化。

2. 通过创新流程激发出强大的企业潜能，以期获得精准的市场洞察力、卓越的创新计划执行力，并掌握相关配套技术，超越竞争对手。

3. 企业的组织架构与激励机制必须支持和鼓励其寻求增长的活动计划。

以上三项要素一旦与严格的寻求增长和实现增长的流程相结合，就能激发出企业的创新能力。

增长领先型企业的创新能力，可从以下三个方面推动企业从想法走向现实：

1. 充分调动企业各级各部门力量，牢牢把握发展良机直至实现目标，对创新拥护者实行奖励。

2. 清除抑制企业发展潜能的一切障碍。

3. 开放企业项目，引入外部资源，增强企业创新能力，培养创新人才，支持人才深造。

打造企业的创新能力有赖于领导管理的持续稳定，长期的人力、物力和财力的投入。成功铸就成功：创新能力会在实践中持续改进，不断提升。但是，如果管理层疏忽大意、自满自负，尤其是急功近利，这些都很可能会损害企业的创新能力。诺基亚公司不愿意投入资金更新已经老化的塞班（symbian）系统，其为了维持股价只重视短期收益，结果在迅猛发展的智能手机市场丧失先机、落入劣势。这一次投资不足，使得诺基亚手机的用户体验感根本比不上苹果智能手机，苹果手机的安卓系统能够满足手机用户的开放性多用途需求。许多观察家指出，诺基亚公司的领导团队缺乏多元性，这可能会导致内向型群体思维的形成，这也是为什么诺基亚公司的领导层很晚才意识到他们的企业早已深陷困境。诺基亚公司的许多领导者终身只服务于这一家公司，作为诺基亚人，他们的职业生涯伴随移动电话行业的发展壮大，然而面对互联网手机市场的瞬息万变，诺基亚公司的领导团队体会不深，欠缺经验。

各行各业不断涌现出增长领先型企业，这些企业背后的故事不尽相同。但当谈及创新与增长时，这些企业的管理者们运用相似的箴言来概括："敢想敢做、脚踏实地、不惧失败、扩大规模。"这些方式可以有效阻止低收益的谨慎举措撤离创新资源，加大对大胆的高风险举措的支持，为企业谋求更大的利益回报。这些更加大胆的创想，通常远远超出了生产新产品或开发新功能的范畴，它涉及公司业务的每个方面。增长领先型企业公开寻找增长机遇，而机遇可能来自改善客户体验，进军邻近的产品市场、扩张市场，或者变更商业模式。与硅胶片上的技术革新相比，这类创新所带来的利润增长更加可观。

凭借精准的市场洞察力，增长领先型企业通过夯实寻求增长活动中的每一步，进一步提升企业创新能力，为客户创造出新价值——不仅仅是开发新产品。增长领先型企业采用由外及内的视角，从现有客户、潜在客户和潜在竞争者的角度审视全局，指引企业搜寻创新机遇。所谓创新，用施乐公司的首席技术官苏菲·万德布鲁克（Sophie Vandebroek）的话来讲就是，"如果你企业的创新最终没能让客户从中获益，那这根本就算不上是创新"。

加速增长的第一步是制定出规范有序的工作流程

增长落后型企业怎样开发自身的创新能力，逐步蜕变成增长领先型企业呢？第一步就是制定出一套规范有序、井井有条的寻求增长的工作流程。

企业可以采用多样化的创新流程去实现企业的增长意图。创新的工作流程大致可以分为两类：寻求增长和实现增长。寻求增长的步骤包括确定战略方向、寻求机遇、筛选机遇。实现增长的步骤包括将这些机遇推向市场，通过销售实现产品价值。至于实现增长这一方面的核心内容，有待他人另做论述。在本书中，我将主要论述寻求增长的过程。

寻求增长的过程本身是一个有序的层级体系。企业首先要做的是制定增长策略，指引企业寻求增长机遇，确定增长目标，细化资源需求，调动每一个员工的力量为创新服务。增长策略的制定为后续的具体操作行为提供了一份蓝图，包含具体项目的阶段性开发流程，针对在一个感兴趣的领域集思广益以及识别并挑选创新合作伙伴。

老话讲："如果你不知道你要去哪里，跟着别人走过的路走就行"。然而，企业要解放思想、破旧立新，首先必须要经历自主确立增长策略的过程。明确发展路径——更准确地说，明确接下来的发展方向——为整个企业赋予新的意义，引导企业未来的走向。那么企业可以依赖系统性的方式寻求有机增长。一旦缺少系统性的工作流程，企业对有机增长的追求必然会变得随意松散、杂乱无章，而这并非一种可以解决未来问题的方法。

建立寻求增长的流程，目的是提升企业在运用创新资源和创新能力时的生产效率，让企业能够超越市场其他竞争者，更快地识别出最佳的增长机遇（找出吸引稀缺资源的"旱井"），然后减少失误，避免遗漏和疏忽（以免错失良机）。似乎每一家企业都有过一些悔不当初的情形，例如：

● 为什么当时我们不抓住机会呢？

● 为什么是索尼公司提供了线上音乐，而非苹果公司？

● 为什么是当地报纸提供在线分类广告，而非网站克雷格列表（Craigslist）？

● 为什么诺德斯特罗姆（Nordstrom）更快地抓住了在线上售卖鞋类产品的先机，而不是品牌扎波斯（Zappos）？

● 为什么微软推出了一个基于互联网的广告媒体，而不是谷歌？

● 为什么柯达公司销售全系列的数码相机和照片打印机，而不是佳能公司？

● 为什么乐高集团创建了一款在线搭建游戏，瑞典的电子游戏开发商莫江也同样开发了一款类似的游戏，名为"我的世界"（Minecraft）？

关于如何将增长战略完美植入整体业务战略以及寻求增长的必要流程与步骤这些课题，无论是增长领先型企业还是学员级创新企业，都萌生出一些新的观点。这些步骤彼此紧密联系，依次分为三个流程，参见图0-1。这种寻求增长的工作流程接受了这样一个现实：承认创新本身就是低效的，认为创新本质上具备探索性、试验性、冒险性、试错性，是一个不断摸索、不断尝试的过程。一个高效的寻求增长的工作流程能够在分散（能拓宽发展机遇的搜寻范围）与聚合之前求得一种平衡，从而锁定最佳的选择。这种平衡状态很容易被打破。企业渴望实现有机增长，随之引起企业内部自上而下的压力增强，增长计划的数量急剧增多，但已然超出了企业的能力范围，使得很多计划在真正走向市场之前就流产了。如此一来，不可避免的结果就是，大量的项目计划被中断搁置，引起计划延迟、企业内部士气丧失、员工意志消沉。乐高集团的首席执行官约恩·克努德斯托普（Jørgen Vig Knudstorp）曾一语道破："企业不会死于饥饿，相反，他们会死于消化不良。"

正如图0-1所示，一个井然有序的寻求增长的工作流程

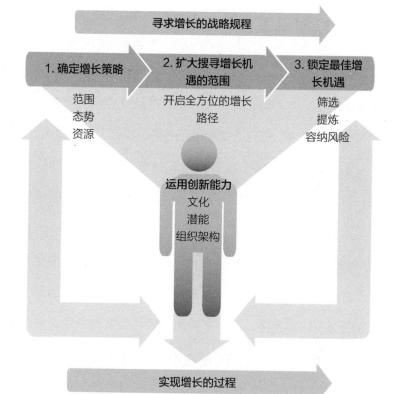

图 0-1 创新能力：工作规程 + 工作技能

包括确定增长策略，扩大搜寻增长机会的范围，然后逐渐聚焦视野，锁定最佳增长机遇。以上三个步骤必须依托三项要素，即文化、潜能、组织架构，它们共同决定了企业的创新能力。当所有要素聚合起来，正如图 0-1 所示，其结果就是创新能力的产生。因此，图 0-1 展示了本书全部内容的大框架。当然，还有另外一套方法可以实现创新和利润增长，就是图 0-1 底部所示的"实现增长的过程"。如前所述，这个方面，并不是本书讨论的重点。创新产品开发和产品投放的相关生产经营活动留待其他专家在另外的项目上再作论述。

本书后续章节将依次探讨增长过程中的每一个具体阶段，以及创新能力的开发过程。第一章集中论述如何制定切实可行的增长策略，促进企业提升增长速度。第二章深入论述如何拓展增长机遇的搜寻范围。我研究出十四条机遇搜索路径，并把它们命名为全方位创新路径，并设计绘制成"全光谱搜索路径指南"。第三章阐述如何从分散搜索走向力量聚合，锁定最佳增长机遇；挑选并牢牢把握数量有限的增长机遇，成功把它们推向市场，在风险和回报之间找到平衡点。最后，第四章我转向图 0-1 中涉及人力资源的方面，揭示出增长领先型企业要培养锻炼自身的创新能力，必须把其企业的文化、潜在能力与组织架构巧妙结合在一起。创新能力的产生必须要建立一套井然有序的增长流程，但只有流程也不行。流程本身并不具备人的洞察力，不能创造性地解决问题，也不能与客户建立联系。只有人才可以实现这一切。如果你的增长策略没有得到企业文化、潜在能力与组织架构的全力支持，或者你的增长策略不支持企业的有机增长，那么在开发和运用创新能力方面，你的努力很有可能会付之东流。

打造卓越的创新能力，并非一蹴而就的。许多企业渴望成为增长领先型企业，但是失败了，可能是这些企业缺乏经验，也可能是不够坚定。本书可以帮助企业的管理团队采用一套经过考验的综合性方案，建立企业的创新能力，实现加速增长。这份行动指南，为企业指出了一条明路，必然可以提升企业进行必要投资的信心和决心。时不我待，现在就是做出这一承诺的最佳时机，因为当下客户的需求不断提升，竞争环境越来越残酷，与此同时，技术进步正释放出新的契机为客户传递价值。

第一章

确定增长策略

增长策略表明了企业的增长目标与方向。它不像一幅标记着既定路径和路标的路线图，更像一个导航罗盘。确定增长策略是为了辨明方向，以便寻找机遇、设定资源需求，指导重大决策，给整个企业注入活力。一旦辨明目标，你就能判断你的每一次选择在多大程度上有利于达成目标。

一套行之有效的增长策略可以明确以下四点：

1. 增长目标：企业想要在多长的时间内实现收入和利润增长？当下，需要在什么领域投资，才能弥合增长差距，实现远期目标？

2. 范围与边界：企业寻找增长机遇的范围应该有多广？哪些选择可能越界？

3. 战略态势：企业将会成为先行者、跟随者还是成熟市场的深耕者？企业的创新路径是开放的还是闭合的？介于收购型增长与有机型增长二者之间的理想平衡状态是什么？

4. 资源分配：除了分配部分资源用于长期风险投资之外，应该分配几成的人力资源与金融资源去保护核心业务？

普莱克斯集团（Praxair）证实了一点：丰厚的回报源自清晰的增长策略。作为工业用气的全球供应商，该企业计划从 2004 年开始 5 年内实现 20 亿美元的收入增长。这部分增长一半源于收购型增长；另一半则是每年 2 亿美元的有机型增长。这种大幅增长远远超过该企业核心业务，即氮、氢、氧等产品重新包装升级后所能实现的企业年收入增长。该企业将有机型增长目标拆分成可行性项目：第一个 15% 的增长源于基础业务的增量增长和现有市场的渠道扩张；其余增长则来源于开发新服务，例如油井注氮、气井注氮、供应氦气冷却剂用于核磁共振（MRI）磁体、为生命科学产业研发新的反应器冷却系统和注氮冷却系统。企业只有深入了解不断变化的顾客需求才能制定出以上增长策略。普莱克斯集团正是凭借其在工业用气的生产、输送领域的既有实力和对气体燃烧、气体冷凝以及金属锻造技术的掌握，才能满足顾客群的需求变化。

普莱克斯集团的增长策略允许企业管理层确定目标、分配资源、甄选投资需求、评估业绩。其市场部门负责引领市场开拓、筛选增长机遇、安排具体项目，同时接受管理高层的监管和支持。在上述决策的影响之下，该企业的收入从2005年的65.9亿美元（净赚6.97亿美元）增长到2010年的101.2亿美元（净赚12亿美元），尽管在2008年至2009年的钢铁和汽车产业大萧条中，该公司也曾在一些重要市场中遭遇失利。

　　确定企业的增长策略需要系统研究以下几个方面。首先，实事求是、因地制宜地设定增长目标。这需要两个步骤：首先衡量增长差距；其次评估现有增长策略组合弥合增长差距的潜力有多大。往往，这二者之间会出现一个缺口。请牢记增长差距，然后进一步明确企业寻找新的增长机遇的范围与边界。至于如何发现并利用增长机遇，还需要辨明企业的战略态势。最后，确保充足的资源分配以达成企业的增长目标。

确定增长目标：我们能否缩小增长差距

　　关于确定收入增长和营业利润增长目标的问题，企业内部可能进行过多次热烈的讨论。在内部的协商交流中，管理团队往往会基于股东的利益需求，来制定企业的增长目标。

通常，为了达成目标，企业必须全力以赴、竭尽所能。股东们坚持要获得更高的投资回报率，这对企业增长形成了压力，迫使企业的增长速度超越竞争对手，更好地利用投资机会。

由于增长目标的制定通常是自上而下的，因此，日益激进的目标与规避风险的增长计划投资组合之间，往往会出现一条鸿沟。在我的咨询工作中，我研究了几十家公司，总是见到，自上而下的增长目标通常不能反映公司业务的发展势头，不能体现出公司现有投资计划的前景、时间节点或风险程度。现实中似乎存在一种强大的诱惑力，让高级经理设定高于现实的增长目标，以满足股东的需求。如果高级管理人员脱离了客户、市场和创新计划的反馈信息，这一问题就会显得尤其突出。

设计一个可行的增长策略，首先需要根据实际情况审视增长趋势或势头与增长目标之间的关系。关键问题是现有的增长措施，能否缩小增长势头与增长目标之间的差距。要清楚什么是可实现目标、什么是理想化目标，企业管理层首先需要剖析过去的经济增长来源，并且对未来增长的每个源头做出实际性预测。

评估增长差距

企业首先要做的是分解与剖析往年的收入增长数据。分析过去的 3~5 年的数据，着重看看刚过去的这一年的收入增长情况。这种做法是尊重现实、实事求是地探寻未来实现增长的潜在源头。

增长分析需要对前期增长进行分类，以便了解增长源头与增长趋势。通常在分析增长时，管理团队会受到一个由内向外的框架制约。由内向外的框架侧重于考察企业内部的产品类别、生产线而不是客户。这种做法是错误的。一个更好的做法是以客户为中心，依据 6 个类别，来分析增长，并按照可能的策略范围进行归类。在 6 种增长来源（见图 1-1）中，有 4 种源自核心业务：

1. 市场扩张所带来的销售额增长，假设企业占有的市场份额保持不变（市场增长）。

2. 价格变化带来的收益。

3. 减少客户流失带来的损失。

4. 总体市场份额的变动。

减少客户流失带来的损失是实现增长的一个重要来源。

假设，企业平均每年的客户流失率为18%。那么客户流失量减少2%就意味着营业收入增加2%。

另外两个增长来源来自核心业务的扩张，包括向邻近市场或地区的扩张，以及更加大胆的创新举措，开辟全新的生产领域、市场或者商业模式。

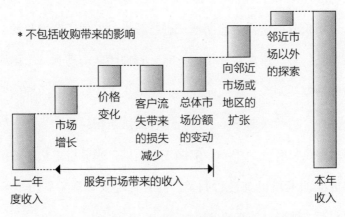

图 1-1　分析有机增长的来源

测定增长差距

接下来的一步是预测增长态势。如果行业趋势没有发生重大变化，企业增长策略保持稳定的话，这一步的目标是评估在未来的2年、3年或5年企业销售收入和利润增长的额度。这听上去也许是一件很容易完成的事，其实不然。整个管理团队需要就他们对企业未来的信念和设想达成一致意见。发展态势不同于惯性，因为它假定了在市场力量的角逐中，在对发展改善的持续追求下，企业会做出相应的动态调整。各方力量的角逐决定了发展态势的形成，这将会对收入和利润的增长产生抑制或促进作用，包括市场增长、市场份额和利润率方面的竞争压力，以及潜在的生产效率提高。不要忘记算上即将启动的增长策略的贡献。

所有的态势预测都是推测性的，你预测的时间跨度越长，不确定性就越高。解决之道就是推测出最佳情况和最坏情况，绘制成一个"不确定性的圆锥体图"（参见图1-2）。你预测的时间跨度越长，有关重大假设的锥体图的展开角度就越大，最佳情况和最坏情况之间的跨度也就越大。

缩小增长差距

下一步是将增长趋势和增长势头与现有的增长目标进行比较。通常，这将显示出公司的发展势头和增长目标之间存在显著差距，如图1-2所示。

为什么这么多公司发现，缩小增长差距很难呢？一种观点是将其归咎于外部制约力量：公司身陷于饱和的"红海"

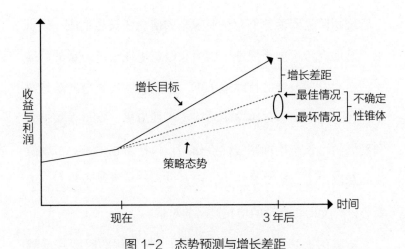

图 1-2　态势预测与增长差距

市场，公司的客户自身也饱受市场挤压。公司迫于各种市场压力，为了获得更多的股票收益，被迫与遵循类似策略的行业竞争对手相互厮杀。然而，研究这个问题的其他专家指出，问题的症结在于公司内部障碍：短期刺激计划颠覆了长期增长目标，客户和销售人员的短期需求吸收了稀缺的开发资源，企业本身创新能力的缺失。

在内外制约因素的共同作用之下，企业会倾向于用"小型创新"取代"大型创新"。在创新程度线轴图中，大多数增长计划的投资组合会向"小型创新"一端严重倾斜，见图 1-3。

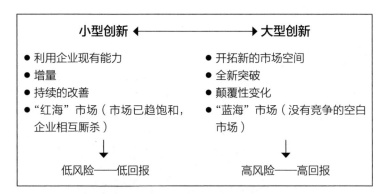

图 1-3 创新程度线轴图

在大多数公司的创新投资组合中，小型创新占比达到 85%~90%，但是这些创新很少能产生额外的利润增长。其结果就是安全可靠的增量计划在企业内部形成拥堵，导致所有其他项目停滞，给企业带来很多压力，最后难以实现收益和利润增长目标。更有甚者，一些企业为了满足客户和销售方对改进产品的持续性需求，动用研发专项预算，支持小型创新项目。与此同时，这些企业不喜欢投资大型创新项目，认为大型创新项目风险太大，项目回报（如果有回报的话）遥不可及。

评估风险

企业为了评估创新投资组合的风险，必须清晰地描绘出各种增长措施——从小型创新到大型创新，在风险与回报光谱图上的落点。这个"创新措施风险评估模型"（见图1-4），采用独特的评分系统和风险测定机制，可依据每一项措施的创新程度，预测出措施成功或失败的概率。

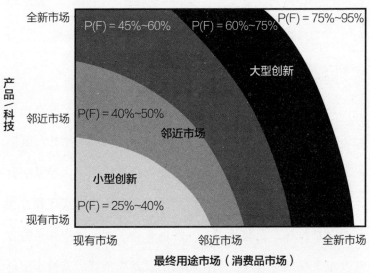

P（F）= 失败概率（Probability of Failure）

图1-4　创新措施风险评估模型

　　每一项增长措施都被绘制在两个维度上：企业对于预期市场的熟悉程度，新产品和新技术与现有产品的相似性。这个模型的建立依据多种信息来源，包括过去我做过的咨询报告，多年来我做过的产品创新和服务创新的事后审核报告，以及我为企业联合会做咨询服务时，所做的创新与增长挑战方面的研究报告。如果企业未能实现预期的经济和市场增长目标的 35%，则被认定为增长计划失败。这一研究成果与近期的调查结果一致。最近的调查显示，新产品的总体失败率接近 40%。"彩虹带"所表示的概率范围，主要揭示了不同企业在控制风险和避免失误方面的能力差异。

　　大多数公司发现，当他们把所有增长计划都落实到这个模型上时，大多数计划的落点都聚集在左下角的低风险、低回报区。相对而言，很少有项目能进入邻近市场区，或大型创新项目区，而这类型的项目虽然风险较大，但是可实现企业实质性的有机增长。对于这样的结果，也许你不觉得惊讶，但这种不平衡肯定是不健康的。通常，针对项目开发评估的折现现金流量分析以及其他财务分析对于回报延迟和不确定性都抱有偏见；而对于大型创新项目而言，回报延迟和不确定性是其固有特征，出现上述两种情况也是无可厚非的。

创新投资组合的增长潜力

　　接着，在设定现实的增长目标之前，还需要诊断现有的创新组合，包括打入新市场的新产品与新计划。事实上，已经有许多方法可以展示企业正积极推进的增长计划投资组合。然而，我之所以会采用"创新措施风险评估模型"，是因为它既能清晰呈现创新项目在风险区段上的落点，又能揭示投资组合的潜力。也许，一下子很难把所有正在进行的增长计划落实在模型图上，但作为企业研发部门，绝对有必要了解所有关于新技术和新产品的相关计划。而其他的增长计划可能会分散在整个企业组织内部：市场营销部门可能正在与合资合作伙伴一起，共同研究一个新的终端消费品；同时，高级管理团队可能会对早期初创企业进行投资，或者正在考虑创新商业模式。

然后，将每一个增长计划在"创新措施风险评估模型"图上定位。每一项计划的位置将由其分数来决定，而分数的数值又取决于一系列相关因素，比如，目标客户的行为与公司当前客户的行为会有多接近，该公司的品牌与预期市场的相关性如何，该公司的技术能力对新产品的适用程度如何。增长计划的定位模板可参见附录 A。

将增长计划在"创新措施风险评估模型"图上定位，需要具备深刻而敏锐的洞察力。例如，当麦当劳快餐店试图提供比萨产品时，公司认为即将推出的新品与现有的快餐食品品类非常接近，因此把原有的快餐消费群作为目标客户。在这种假设下，比萨将是目前市场上很熟悉的产品，所以这个项目会出现在创新风险评估图的左下方。然而这个项目却失败了，随后的检查报告表明，比萨项目启动时就已经隐藏了风险。没有人能知道，如何在30秒或更短的时间内制作或提供比萨，过多的订单导致外卖窗口出现了长时间的顾客滞留与等待，这违反了麦当劳的服务交付模式。

我建议，对现有增长型投资组合的分析由专门的投资组合审查小组来承担。该审查小组通常由具有战略眼光的高级管理人员和负责项目预算、款项以及资源分配方面的权威专家组成。审查小组成员对每个项目进行独立审核与评级，并阐述他们评判的基本依据。他们应就任何意见分歧展开讨论，探究分歧产生的原因，最后寻求共识。项目计划在风险评估图上的落点揭示出该投资组合的总体健康状况（每个项目都用一个点表示，落点的大小与该项目的预计收入成正比）。图1-5中的投资组合，主要是相对低风险、低回报的项目，这也是大多数公司的创新投资组合的典型特征。

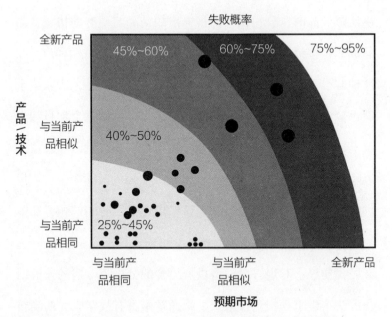

* 落点的大小反映了在投资组合中该项目相较于其他项目预期销售额
（和／或利润）的多少。

图 1-5　创新组合

最后一步是预测经风险调整之后，创新组合中的每项计划可能实现的收入和利润。创新组合对于缩小增长差距的贡献，取决于创新计划落实的概率、创新计划启动的时机、创新成果进入市场时的成功率。每项计划所取得的成果，在整个投资组合中逐渐累积，为企业每年的发展规划打下基础。增长差距越大，创新投资组合在可预见的未来缩小增长差距的难度也就越大。

一旦按照增长计划重新评估增长差距，那么你可能需要重新权衡增长目标。你也许可以实现收入增长目标，但不能实现赢利增长目标——反之亦然。不过，总是会有一个不断扩大的增长差距，需要寻找更好的机会来填补。然而，从什么地方开始寻找呢？

确定范围与边界

一方面，增长差距巨大；另一方面，企业的创新组合策略缺失大型创新项目或引人注目的邻近项目。面对这种情形，经理和高管们可能难以保持淡定。管理层的惊慌失措可能转变为对大创意的无序搜索，他们甚至愿意接受风险过大且超出公司能力范围的创新想法。虽然宏大的增长目标需要搜寻现有市场之外的机会和新的商业模式，但是精明的经理和高管们明白，他们需要对搜寻的范围加以限定。

限制产生价值

传奇般的乐高集团为我们提供了一个警示故事，它也曾经掉入过度扩大搜寻范围的"陷阱"。20 世纪 90 年代末，该公司遵循的经营理念是"跳出思维定式"。公司为了寻找新的游戏体验，开始进军电子游戏、电影、主题公园和学习中心等市场的业务。其中，该公司的大部分计划都赔了钱。甚至在 2003 年，乐高集团曾一度濒临破产。公司管理团队紧急应对，调整公司的创新计划，重新把力量集中在乐高著名的传统游戏体验上，并严格控制对新体验计划的资金投入。计划与项目不在多，而在精。由此，乐高集团恢复了它作为行业主要创新者的魔力。

用于设置边界和限制的这一套业务规范，旨在帮助企业应对以下问题：

● 哪些区域为安全区域，能对核心业务形成支持？（投一些小型创新项目以维持企业竞争力。）

● 在哪里寻找新的增长机会，既能拓展创新能力，又不会因创新使企业不堪重负？所以，经理们必须懂得他们的自由是有限制的。

● 哪些计划是难以预料、不能考虑的？它几乎不太可能会实现，反而占用了企业资源。

增长型领先企业通过两种方式来应对这些问题。首先，这些企业管理者的思维过程是由外向内的。他们会站在顾客、渠道商和竞争者的立场上，研究自身企业的增长前景。其次，他们寻找相邻市场，因为邻近市场能通过利用企业人员现有的业务知识和能力，保证在风险和回报之间实现最佳平衡。

施乐公司（全球最大影印机生产商）巧妙地把收购计划与向邻近市场拓展的有机型增长计划组合在一起，成功超越了传统的行业界限。第一步是在 2009 年，它收购了一家信息科技服务公司，该公司服务于其他大型集团公司、州政府和法律机构，员工数量达到 7.4 万名，是一家专业的文件管理公司，但是却频繁使用非施乐设备。被收购的这家公司好似一个可以扩大发射范围的发射台，将施乐公司的业务拓展到复印机、打印机和文件处理之外，帮助企业客户简化非常繁重和复杂的业务流程。为了支持这个服务项目，施乐公司开发了基于 Web 的文档工具，帮助银行简化抵押贷款审批程序，帮助律师事务所搜索和管理数百万份文件。

始于由外向内的思维方式

若采用一种由外向内的思维方式，有关增长策略的商讨应该首先从市场开始。领导团队走出公司的原有的市场界限，首先看看企业面对什么样的市场：我们的客户有哪些改变？为什么会发生这些变化？他们有什么新需求？我们如何帮助他们解决问题，从而变得更成功？我们如何才能满足还不是我们产品消费者的需求？抑制这部分消费的障碍又是什么？谁是我们新的竞争对手，正暗自蛰伏于市场一端，我们怎样才能破坏他们的努力呢？

杰夫·贝佐斯（Jeff Bezos），亚马逊公司的联合创始人兼董事长，十分提倡这种由外向内的思维方式。他解释了亚马逊公司如何做到满足客户对网络服务的需求（向客户提供亚马逊云计算网络的访问服务）以及让客户获得更方便的阅读体验（向客户提供电子书阅读器 Kindle）。他将其描述为一种"逆向作业"的心态。

你应该思考的不是我们擅长什么，而是我们还能用这个技能做什么，谁是我们的客户，他们需要什么。然后你要明白，我们会把他们想要的给他们，不管我们现在是否有能力这样做；无论需要多久，我们都要学会这些技能……我认为，高管们有一种思维倾向，总是认为正确的道路是坚持做你擅长的事情。通常来讲，这不失为一条好规则，但问题是，如果你不能不断地增加你的技能组合，那么世界可能在你的眼前变得面目全非。

由内向外的思维方式

按照由内向外的思维方式，管理层需要考虑该公司已经拥有哪些核心资产和能力，又有哪些资产和潜能是可以调动并利用的。下面这个例子讲了美国康宁公司如何基于现有的能力实现重大发展。在网络经济的全盛时期，美国康宁公司凭借通信网络对光纤电缆的旺盛需求实现了飞速发展。当网络经济的泡沫破灭时，该公司股价一度从 100 美元暴跌到 1 美元，领导层被迫重新考虑他们的增长战略，思考在追求成功的道路上什么是"可重复的关键"。他们的结论是，公司必须根植于固有的玻璃核心技术，深入了解客户需求，并且愿意承担巨大但已被充分理解的风险。公司最大的机会是源自它最初为汽车挡风玻璃专门研发的一种制造工艺，而这种制造技术可应用于平板液晶显示器的玻璃基板生产。这种"大猩猩玻璃"（Gorilla Glass）的制造技术，首先拓展到手机生产领域，然后是笔记本电脑和台式机显示器的生产，继而延续到电视和大型显示屏的制造。

康宁公司的成功体现出在技术进步的推动之下，企业把由外向内与由内向外两种思维方式进行整合（图 1-6）可以实现巨大收益。当然，成功的关键是从由外向内的方式开始扩展思维，由此免除了由内向外的短视风险，使企业没有因为短视，只想从现有的资产和能力中获得最大的利润回报。

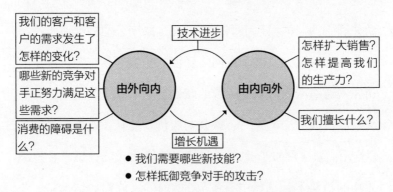

图 1-6　整合由外向内与由内向外两种思维

这种整合方式同样也有助于解释戴森公司改进真空吸尘器的过程。消费者完全有权利对他们的立式吸尘器很快失去吸力感到沮丧。吸尘器吸力下降乃至丧失的原因是污垢颗粒堵塞了过滤袋。这是一个明显的设计缺陷，然而这样的真空吸尘器的生产历史也已经有一个世纪了。经历多次试验，戴森公司终于发现，可以采用一个新的设计方案来解决这个问题，运用强大的离心力将污垢从空气中分离出来。虽然这似乎应该是一个早在几十年前就被实施的想法，但事实上这款新的设计必须要依赖于一项相对较新的技术突破——聚碳酸酯塑料配方的成功研制。

相邻市场：实现赢利增长的最佳地点

虽然投资小型创新项目对于企业的持续改进是有必要的，但这些小创新不足以为企业形成竞争优势，也不能对企业赢利做出很大贡献。只有进入了邻近的市场或者更加广阔的市场空间，才能为企业缩小增长差距创造利润。

企业利用其市场认知和固有资源进入新的市场领域——邻近市场，因为它能更好地平衡风险与回报。因为企业的品牌承诺和客户关系在新市场中有一定的相关性，产品的分销以及销售活动部分在市场中重叠，所以邻近市场与企业现有服务市场呈现一定的相似度。例如，美国汽车协会联合服务银行（简称 USAA）在军属中找到了一个有利可图的邻近市场（美军官兵原本是该公司最初的服务市场）。在邻近市场上出现的竞争对手与原有市场的对手相似，因此企业能更好地预测到对手的竞争手段。相邻产品或相邻技术与企业原有的价值链、技术和制造能力、质量标准等部分重叠，促进企业充分利用自身知识储备。

大多数公司都会避开高风险的大型创新计划。大型创新计划促使企业超越邻近市场，进入一个与当前业务没有关联的陌生市场。增长领先型企业为了实现持续增长，会有序推进、逐步渗透邻近市场。这种企业首先通过近端市场渗透来化解和控制风险，然后再以已渗透的市场区域为基础，由近及远，持续扩张市场。增长领先型企业一般不可能骤然跃入远端的陌生市场。电梯制造商奥蒂斯，一开始只经营电梯和电梯配件业务，然后将业务拓展到服务领域，比如融资、维护和智能监控；再后来，凭借其多年积累的知识储备和市场信誉，转入提供合同服务，"建立、维护和运营"合同。成功打入邻近市场，为企业增长创造了新的平台。

确定企业的战略姿态

下一步是决定你将如何去寻找增长机遇，以缩小增长差距。可惜，增长战略的这一部分说起来是比较隐晦的。你可以把你的战略姿态想象成一个三条腿的凳子，它体现出你实现企业增长的战略站位。每条腿都代表一种战略偏好：构建、购买或两者兼而有之；开放式与封闭式；首创者与模仿者。这些问题都不是二元选择。每个区域中都存在着一个连续体，而整个波谱图对于企业明确战略态势至关重要。

选择哪一方、选择的理由以及这一轮选择是否是企业未来的最佳选择，都需要对企业的每一个管理者做出详细说明，以便他们能充分理解，并接受他们的询问乃至质疑。这么做的回报是更好的组织协调、更少的误解和更明智的抉择。

构建、购买或两者兼有？

一个公司或一个业务单位有无数的方法来实现营业收入增长和净收入增长。我们的重点是企业通过自身创新能力实现有机增长。我们之所以把这种增长称为"有机增长"，是因为这种增长来源于企业内部力量，它是通过企业的资源调动、能量聚合和独创性来实现的。

"非有机增长"往往来自企业收购一家有既定收入和利润记录的现有公司。这种增长方式也是企业的另一种选择。收购另一家公司可以使企业跳跃式进入一个陌生的、有风险的新市场，快速获得使用新技术所需的新技能，并扩大渠道和产品的地理覆盖范围。一次小规模的收购可以让企业在一个新的行业中站稳脚跟，逐渐了解陌生的新市场。然而，收购是存在风险的，因为预期的财务回报未必都能实现。急切的买家很容易为一次收购投入太多资金，而且经常对企业自身整合人员、流程和技术的能力过于乐观。企业文化的冲突可能会引发人员流失。

虽然有机型增长用时更长，但它通常会为企业带来更多风险可控的经济回报。这个论断似乎违反直觉，但有机型增长其实对企业来讲是一笔更划算的买卖。如果一家企业拥有持续的有机增长轨道，股市可以合理地预期这种增长势头会延续下去，相应地会给企业一个更高的市盈率。与此同时，企业的债务也会减少，企业面临的压力得以释放。当企业开发了新技术，能力不断增强，能更加敏锐地捕捉到进入相邻市场的机遇，企业就构建了一个更稳固的持续增长平台。

相互促进的增长方式

在有机增长（构建）和非有机增长（收购）之间直接做出选择，确定一条实现增长的最佳路径，这么做对一家企业来讲，可能过于简单甚至会适得其反。问题的根本是要找到两者的平衡点，实现互补。要找到平衡点，首先要在一系列可能采用的增长方式中，把构建或收购设想为端点，正如图

1-7 所示。

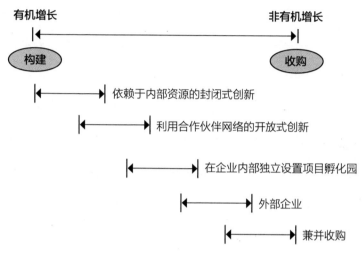

图 1-7　有机 - 非有机增长连续体

　　精明的企业会把握住这个连续统一体的每个节点进行投资。例如，思科公司巧妙地结合多种机制来推动企业增长。在连续体的"构建"端，该公司拥有 2 万名工程师致力于产品改进和新一代产品研发。

　　这些工程师经常与外部合作伙伴一起在开放的网络中工作，以便能及时获取新技术和新的市场概念，否则，由企业独自构建内部功能可能耗时太长。对于超出企业现有能力的突破性或颠覆性创新，该企业创建了一个内部孵化园，命名为"新兴科技组团"，可直接向公司首席执行官汇报。该组团的预算随时随地受到保护。平均来说，九项内部孵化的创新项目中约有四项取得成功。此外，企业还会大举投资研究新应用和新技术的初创企业，为实现企业增长提供新的途径。对这些外部合资企业，思科公司只持有少量的原始股权，但其向这些外部合资企业派出自己的工程专家，并依靠其卓越的市场洞察力倾力支持合作企业的发展。如果一家公司创业成功了，思科公司会在原始股权之外买入该公司的股票，增加持股比例，加入这家独立的初创公司。最终，思科公司成功地收购了这家蓬勃发展的公司。

开放、封闭或将二者融合？

几乎没有公司会完全开放创新过程，完全依赖合作伙伴推进关键环节；也没有哪家公司会完全封闭创新过程，把一切都限制在企业内部完成。完全封闭或内部垂直集成的创新模式一度盛行于20世纪80年代。随着一些开放创新过程的公司在创意质量、技术获取和上市时间方面做出了更加亮眼的成绩，封闭式创新模式渐渐失去了人们的青睐。企业开放创新过程的更大动力则来自一种市场认知——重要的创新来自愿意让渡或出售其知识产权的中小企业。如今，随着互联网的普及，开放式创新迎来了发展的春天。现在，通过各种机制与外部资源连接变得更加容易。从创新大赛到专门的开放创新服务供应商，比如意诺新公司，各种开放式创新机制应运而生。

选择开放式创新不是简单地与几个研发伙伴建立连接，在公司的初创阶段入股，或者在互联网上发布一个创新奖项招募合伙人。开放式创新需要改变心态，放弃一定程度的对企业的所有权和控制权。在你放弃部分所有权的同时，企业内部才有可能与企业外部的合伙人紧密协调、精诚合作。

宝洁公司率先创立了"连接＋开发"模式。这一模式的成功促成了封闭式创新到开放式创新的转变。这一模式明确承认：宝洁公司的每一个研发人员，整整200名科学家和工程师，在他们各自的研究领域都是同样出类拔萃；从公司发展的历程来看，宝洁公司的许多绝佳创意来自跨部门、跨边界工作的团队。在创新模式转变的过程中，由执行总裁雷富礼（A. G. Lafley）领衔的宝洁管理高层的支持发挥着至关重要的作用。总裁雷富礼甚至还设定了一个目标，即宝洁公司未来一半的新产品将出自合作伙伴。

至于创新项目的开放程度，没有所谓的标准答案，但是管理团队必须明确站位、坚持立场。为了获取竞争优势，先发制人、领先竞争对手（和你一样被同样的逻辑吸引到市场中的企业），企业必须做好充分准备，投资提高合作技能，包括找到最佳合作伙伴的能力，以及投资跨边界协调活动和提供激励措施。我们将在第四章就这些技能作进一步分析。

首创者、紧随其后者或模仿者？

战略态势的第三个方面是明确企业的开拓方向，是成为首创者，还是经过等待成为模仿者。这其实是变换了一个方式，继续追问战略选择的经典问题：探索型或利用型。当市场出现新的机遇，市场参与者必须决定是否率先进入市场，主导设计、抢占竞争优势，或者是观望等待，直到不确定性的迷雾部分消散。

先驱者乐于承担更多风险，参与早期研发投资，以获得技术上的优势，并为后续的发展创造大量的机会。这些开拓者必须证明创新有效，投资创建市场和培育市场，然后击退对手。早期初创企业往往采用这种战略态势，期望在实现IPO（初次公开募股）后离场，或者被一家财力雄厚的企业收购。

　　企业可能有意识地调整战略态势，从一个纯粹的首创者姿态转变为紧随其后者。这通常会是一些成熟企业，其核心业务可能会因为新技术或新的商业模式出现而受到冲击。诚然，一些创新项目并不符合这些企业稳固江山的利益诉求。然而，一旦创新成功，便可以让这些企业在新市场中成为领头羊，这一点仍然是符合企业利益的。采取第二种战略的公司，不会率先采取行动，他们会随时准备着、伺机而动。一旦有迹象表明这项创新吸引力增强，他们会立即行动。为了延续成功，他们一定已经掌握了这项新技术（也许是用一种开放式创新的方法），早已准备好新产品和新的商业模式，生产或采购的计划已到位，攻入新兴市场的营销策略也已确定完毕。遵循第二种战略的公司，必须准备好完成首创者完成的一切，包括具有高度发达的市场感知能力，在继续推动其核心业务的同时，在等待中密切观察市场是否出现了创新项目起飞的迹象。

　　除了第二种战略以外，还有一种选择就是成为模仿者。这意味着企业跟进投资时风险较小，投资回报较少。这种企业会结合品牌优势、独特的市场准入权、低成本生产优势，利用先驱者创造的机会。成功的模仿者善于识别商机，快速覆盖尚未被占领的市场。模仿者不必采用类似于首创者的市场策略。因为如果市场产品趋同，除非打价格战，否则很难激励顾客改变消费习惯。"富有革新精神的模仿者"能更好地了解客户并且捕捉到产品改良的机遇，从而增加顾客获得的价值。例如，美国绿山咖啡烘焙公司模仿源自欧洲的单份咖啡机，它没有把单份咖啡机定位成精致且昂贵的消费品，而是把它创造性地与一种更简单、定价更便宜的产品相结合，更新了企业的商业模式。绿山咖啡烘焙公司遵循一种新的营销模式："剃须刀－刀片"模式[①]。该公司低价出售单杯咖啡机，然而却依赖销售质量可靠的一次咖啡杯赚得盆满钵满。

资源分配

实现增长策略最快的方式不是直接分配足够的人力、物

[①] 指企业以低价出售一款产品，然后靠出售这款产品的相关产品获利。该模式首创于吉列公司并因此而得名。——译者注

力去缩小迫在眉睫的增长差距。实现增长策略必须先花一些时间培养企业的新能力、设定和启动增长计划，然后才能逐渐实现赢利带来收入增长，并可以产生现金流，分配部分现金资助其他羽翼未丰的产品。如果没有做好合理充足的资源分配，项目的关键执行人可能会认为，企业管理高层并不十分认同增长战略或增长目标，因此又会重新回到常态经营。

实现增长策略一方面是要决定，为了保护核心业务，在小型创新项目上投多少钱；另一方面，为了实现有机增长在相邻产品或大型创新等长线投资项目上又投入多少资金。这种选择是不可避免的。最好通过考虑以下问题，谨慎处理。

通过收购能够获得多大增长、什么类型的增长？许多企业通过直接投资小型初创企业或者收购一些成熟企业，来打入其原核心业务以外的新市场。这个问题的答案取决于技术可得性，比如，以生物制药为代表的高科技行业就催生出很多候选者。

当前战略的发展势头将会给企业带来多大增长？一旦现有策略发展势头停滞，就将更多的资源分配给相邻市场和大型创新项目。还有一个相关问题需要考虑，该企业是渴望捍卫自身市场地位的龙头型企业，还是一个偏安一隅的利基厂商（细分市场主导者）。

我们的行业结构允许我们做什么？行业制约因素包括市场的成熟度、企业的资本强度和知识产权保护的稳健性。比如，快速增长的移动通信行业更多地支持技术创新类型的增长机遇，而非保守的食品消费行业。在食品消费行业，大多数的创新都是增量式的线性扩展、功能升级或小型创新项目。

企业是否有足够的经验能把重大的增长计划推向市场？如果企业文化支持增长、企业能力完善又有成功记录，那么企业推进增长计划可谓游刃有余，还能分配更多的资源给风险较高的相邻项目和大型创新项目。

更重要的一点是，每家企业都确定一个资源分配比，切实反映企业的目标和能力。没有什么神奇的万能公式可以适用于每一家企业。但是，最近一项研究发现，增长领先型企业集中在以下配置上：

1.将 70% 的资源分配给核心业务做小型创新项目投资（在其他项目规划中，也称为近期 1 区项目）。

2.将 20% 的资源分配给邻近市场（2 区项目）。

3.将 10% 的资源分配给大型创新项目（也称为变革性或

颠覆性 3 区项目）。

　　这项研究声明，这一资源配比与许多行业较高的股价表现相关。虽然怀疑也是有必要的，但是就当前的资源分配展开内部讨论已经算得上是一个良好的开端。只有通过辩论，才能最终确定每个项目类别的资金来源。每个业务部门都可以而且应该资助小型创新项目，甚至是从自己部门的年度预算中分一部分现金支持近端邻近市场开发。关于投资风险更高的邻近市场和大型创新项目往往会引起不少争议。企业的下属业务部门会认为，集团因为投资创新项目而对其征税、变相盘剥、削减部门年度预算，从而心怀不满甚至公开抵制，因为他们不明白他们的部门从中能获得什么样的收益。对于风险较高的项目，资金应该来源于集团的创新基金，创新基金应独立运营，不受业务部门损益控制的影响。宝洁公司曾经的历史教训发人深省，具有十分深刻的教育意义。2003 年至 2008 年，宝洁公司的业务部门负责人被委以重任，承担创新的主要职责，集团将研发款项与部门的短期利润直接挂钩。这么做的结果令人唏嘘。据宝洁公司的首席技术官布鲁斯·布朗（Bruce Brown）说，由于小型创新项目获得了更多的关注和资源，到 2010 年，突破性的大创新项目的数量下降到年均不到六个。

给企业管理者的指导意见：检验你的增长策略

在这一章中，我提出了一个根据最佳实践设计增长战略的模板，它既能整合资源，又能给企业注入活力。模板中的各项要素都是不能忽视的，它们共同决定了一家公司如何进行创新，以及如何做出战略选择。对于企业的任何重大选择，管理者不能只是心照不宣，你必须开诚布公，接受检验。将关键点摊开来讲，管理团队应该就此提出一系列有意义的探究性问题。

最高管理团队中有多少名成员同意这些增长目标，并且相信目标能够实现？

当前战略和目标选择背后的关键性假设条件是什么，有什么可靠的证据支持？

投资组合中的增长计划是否能缩小预期的增长差距？

关于市场范围和战略态势的选择，在企业内部是否达成了一致意见？母公司会认可这些选择吗？

曾经的收购记录如何？哪些收购计划成功了，哪些失败了？怎样才能提高收购成功率呢？

与我们的直接竞争对手或潜在竞争对手相比，我们如何才能具备识别、评估和整合收购的能力？

在构建开放式创新能力，组建最好的开发、技术和营销合作团队方面，我们是领先于竞争对手，还是落后于竞争对手？

我们面前的一系列增长机遇是更适合先驱者、跟随者，还是模仿者？企业的文化传承和管理基因对于我们采取什么样的战略态势有什么影响？

既要保护核心业务，又要进入邻近市场，实施高风险的大型创新项目，我们企业的人力、财力、物力等资源该如何进行合理配置？我们的资源配置与竞争对手的资源配置相比结果如何？需要什么样的资源配比才能缩小增长差距？

第二章

扩大增长机遇的
搜寻范围

　　几乎每一家企业都有自身追寻的目标，都想能有一番作为。不主动出击将会坐失良机：研发部门会负责设计产品新功能，改善产品性能和革新技术；分销商、销售人员和一线雇员会提出新产品的创意；通过复制和调整竞争对手的创意就能赶超他们；改变战略将支持（并激励）创新。虽然这些想法应该受到鼓励，但是依靠被动等待和事后反应得出好创意的概率，比定向搜索要低很多。

　　定向搜索各种机遇，全面覆盖增长策略的每个方面。与被动等待相比，定向搜索能让企业更早看到一些高质量的创意浮出水面。如果让竞争对手抢了先，企业就很难获得竞争优势了。如果企业把搜索范围仅局限于熟悉的领域，那么获得的利益将进一步减少，因为这些熟悉的领域早就被集中开发了。

　　为了对抗惯性思维的力量，我创立了一种全方位创新路径图，由 14 条增长路径组成。这些增长路径允许企业扩展、推动和重新想象其增长战略的各个维度，包括客户的价值主张和企业遵循的商业模式。

全方位创新

杜邦公司从 1865 年开始制造硫酸，当时它就为约翰·洛克菲勒（John Rockefeller）的第一个炼油厂供应桶装硫酸，全部用马拉车运送。现在看来，这是一个增长缓慢、价格竞争大的市场——肯定只是一片利润荒漠。那为什么现在杜邦公司还在经营这项业务呢？因为杜邦公司抓住了一次重大的增长机遇，有效回收废硫酸，并实现废硫酸再生。炼油厂高度依赖硫酸，因为它们必须使用更多的硫酸来处理高硫原油，同时减少酸排放。在炼油厂内，杜邦公司建造、拥有、运营和维护硫酸生产设施，它不仅能把炼油厂的废酸回收、再生，还能捕获酸性气体排放。这个成功的故事发生在一个超成熟的化学品市场，显示了全方位创新的主要特点，同时也证明了那句老话：没有所谓现成的商品，只有开发商品的思维。

目前，关于创新的很多讨论都局限在产品设计和产品功能方面的想法。这样的创新之所以能吸引人们的关注是因为即便对普通的观察者来说，它们也是显而易见的。比如，音乐播放器 iPod 或电子书阅读器 Kindle，这两种产品都在功能上实现了"人无我有"，并且在它们刚上市时，产品的外观设计也是与众不同的。然而对许多公司来讲，仅仅依赖产品外观设计和功能上的创新求发展，则显得过于狭隘了，并且还会抑制其增长能力。发展创新能力的一个主要因素就是打破思维枷锁，沿着各种增长路径广泛寻找有价值的创新，由此获得增长。

在考虑全方位的创新路径之前，有必要先思考清楚，一家企业对市场的参与程度由两部分组成：企业给客户提供的价值和企业的商业模式——或者，换言之，企业的价值创造和价值捕获体系。对于成功的企业，客户价值主张与商业模式紧密结合。这种紧密结合确保了企业能够将其承诺的价值准确传递给客户，并有效捕获价值实现收入增长。

全方位创新路径图可以解决以上两个方面的问题。它研究了创新客户价值主张和创新商业模式的各种机会。每个主要领域都进行了细分，最终产生了十四条不同的价值创新途径（见图 2-1）。其中八条路径阐明客户价值主张的创新方式，剩下的六条路径属于创新商业模式的途径。

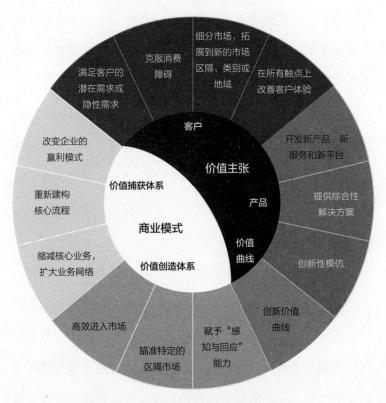

图 2-1　全方位创新：十四条增长路径

全方位创新路径币形图分为两个大的区域。第一区呈现客户价值主张；另一区显示商业模式，它详细说明了企业如何实现客户价值主张并最终实现赢利。增长途径可以从币形图的任何一方开始，但是获得成功需要双方紧密相连和协同操作。

各种创新路径协同运作的力量巨大。以通用电气公司为例，2003 年这家公司成功进入全球风力涡轮机市场。第一步，该公司通过一次小型收购初涉市场。然后，该公司利用其制造燃气轮机和喷气发动机的能力，开发出一款更好的风力涡轮机，对当时的竞争格局发起了挑战。那时，全球风力涡轮机市场高度依赖政府补贴。尤其是在德国，那里严重缺乏开阔的市场空地。该公司的竞争对手——德国西门子公司，对市场状况做出的反应是推出了二十种不同型号的风力涡轮机，适用于不同大小的地块。

通用电气公司深入了解当前客户和潜在客户的需求，得出客户感知经济价值的两个主要驱动因素：变速箱的可靠性和风能的捕获效率。现有的风力涡轮机因为生产运行时间尚短，可靠性弱，效率低下且造价高昂。这些洞见赋予了通用电气公司足够的信心挑战主流商业模式。它开始大量投资，致力于提高涡轮机的效率和可靠性。为了实现量产，通用电气公司仅制造一种尺寸的涡轮机，这一尺寸的涡轮机可适用于紧密空间，充分满足市场的多样化需求。随着设计的改良和生产的量化，通用电气公司将涡轮机的可靠性（正常运行时间）从 85% 提高到 97%。同时，通用电气公司还融合飞机技术改良涡轮机设计，结果可多捕获 20% 的风能。

每种增长路径都能以各种方式与其他路径相组合。在通向创新的每一条道路上，从小创意到大的技术突破都有可能成为创新目标。各种组合皆有可能。创新组合之多可能令人生畏，但也令人鼓舞。市场必然会回报各种能为企业带来增值的增长举措，即便是增长落后型企业也不用感到悲观，总不至于所有好的创新组合都已经被其他企业利用过了。挑战不在于缺乏有吸引力的途径，而在于如何领先对手、激活想象，有条不紊、全力以赴地追求创新。

增长路径：客户价值主张

客户价值主张由三部分组成：定义被服务的客户群体、产品细节、产品与替代产品的价值对比。企业在这三个领域中的任何一个都可以开启创新路径。

客户路径

通常，企业可以通过拓宽服务市场的范围实现增长。对于市场的定义，大多数都是人为构建的，因此，企业应着眼于市场与客户，采用由外而内的方式，挑战市场定义的边界。企业必须追问以下两个问题：现有客户还有哪些其他需求需要我们去满足？还有哪些客户可以使用我们的产品，接受我们的服务？这是切换视角，从另一个方面，追求市场份额的增长。

产品路径

能为客户创造出卓越价值的产品往往都产生于技术进步与客户需求的交集。例如，在心脏外科领域，人们迫切需要一种能够打开动脉的动脉支架，并且这种支架在插入人体后多年内不会造成健康隐患。雅培制药公司总部研发了一款由生物可吸收塑料制成的支架，它在打开动脉后一两年内自然溶解到血液中，类似于缝合线或骨螺钉最终被吸收的方式。这种支架的出现是心脏病病人的一个巨大福音，他们不用再担心在支架内形成血栓——一种由植入后留在血管内的支架引起的罕见但致命的凝血现象。于雅培公司而言，这就是一次实现有机增长的机遇。除了引入新技术之外，还有其他创新产品的方法，比如为现有产品提供集成配套、增加价值或者调整现有创新的各个方面。

价值曲线路径

创新价值主张的最后一条路径是去改变一款产品的价值曲线。在大多数产品类别中，传统智慧发展到一定阶段，确定了消费者能接受的价格与价值范围。创新价值曲线意味着以各种方式对传统智慧发起挑战。

商业模式增长路径

商业模式这个概念是一种复杂而抽象的表述，但好的商业模式绝不抽象。一个好的商业模式可以为企业解决两个长期存在的问题：

1. 价值创造体系。为了创造出我们向客户承诺的价值，哪些商业活动是必要的？

2. 价值捕获体系。在为客户创造价值的同时，我们如何赚钱？

相应地，商业模式增长路径也被分为两类：价值创造路径和价值捕获路径。

与客户价值创新相比，商业模式创新会带来更加可观的利润增长。IBM 的研究发现，相较于业绩较差的公司，利润率增长高于平均水平的公司会多分配 50% 的资源用于商业模式创新。这部分利润增长属于可持续增长，因为重大的商业模式创新需要公司把许多相关计划调整重组，让竞争对手短期内很难理解或复制。这种创新途径还可以创造出一个多功能平台。依赖这一平台，孵化出一连串的创新价值主张。

关于商业模式类别中的增长路径，上述讨论内容并不全面，但确实给企业提出了建设性意见。每一种途径都可以以无数的方式与其他途径创造性地组合。组合形式非常多，无法一一列举。当探索商业模式路径时，关键在于确保你能针对当前商业模式的每一个假设和构造，从价值创造和价值捕获两个方面，提出质疑、深入探究。

十四条增长路径

在本章的后续部分，我将详细介绍全方位创新路径图中的十四条增长路径。每条路径都会结合相关事例详细阐述。当你读到每一条路径时，想一想，你的公司在过去的 3 年中是否也利用过这条路径来创新客户价值。如果没有，考虑一下还有哪些有机增长机会可以利用。

路径1：满足客户的潜在需求或隐性需求

这一路径的基础是具备深刻的洞察力。有了洞察力，才能对客户产生全新的理解。2007年，坎贝尔汤品公司正是凭借其敏锐的洞察力，成功打入俄罗斯市场。该公司获悉，汤在俄罗斯男人的胃和心中扮演着深刻而复杂的角色。该公司的研究人员发现，走进一个典型的俄罗斯家庭，常常见到一锅肉骨头汤在厨房的炉子上沸腾着。俄罗斯的妇女们通常会花几天时间来熬煮营养丰富的肉汤，加入大大的肉块和醇香的油脂。俄罗斯人相信，通过烹煮的过程可以把灵魂融入肉汤里。在这种文化背景之下，要把预制汤品推向俄罗斯市场并非易事。几家竞争企业都企图用西欧市场上的袋装预混汤打入俄罗斯市场。俄罗斯女性对此嗤之以鼻，俄罗斯男性也认为他们不会接受这样的汤品。他们说，这种现成的汤"没有灵魂"。

虽然，俄罗斯浓汤对俄国普通家庭而言意义非凡，但作为浓汤的制作者，俄罗斯妇女们却深感分身乏术。由于她们从事全职工作，根本无法抽出大量的时间熬煮肉汤。客户遇到的难题，正是坎贝尔汤品公司的机遇。依据民族志[①]学研究方法，通过与俄罗斯家庭的互动和深入调查，坎贝尔汤品公司开发了一款产品，把肉汤所需的各种食材分装、打包，方便俄罗斯妇女在家轻松制作出原汁原味的肉汤。"经典之作"系列预制汤品，让顾客可以直接看到里面大大的肉块和厚厚的脂肪层。在西方人的眼中，它尚未完成。但在俄罗斯人看来，这款产品用料很足、十分地道，就跟家庭自制的一样。

坎贝尔汤品公司的方法证明了由外及内的创新过程能发挥巨大作用。同样，全球顶尖的设计公司 IDEO 也是依靠这种方式不断开发出新产品的（见图 2-2）。

---

① 民族志又称人种志，是人类学的一种研究方法和写作文本，是基于实地调查、建立在人群中第一手观察和参与之上的关于文化的描述。——编者注

图 2-2　IDEO 公司的产品开发过程

　　稍后我们将重新讨论 IDEO 公司的产品开发过程，但这里我想强调观察法和民族志学方法的中心作用。其核心思想是客户潜在的需求"很突出，但并非显而易见"。公司需要有熟练的观察者完全沉浸在目标客户的世界中，洞悉客户需求。除了定向搜索之外，许多其他工具也可以用来加深对客户需求的洞察，包括深入访谈、问题识别法、隐喻引出法以及客户体验图。为了倾听客户的声音，企业可以尝试以下方法。

　　1. 利用领先用户。领先用户是指领先于市场的用户，最先面对市场前沿需求的客户群体；同时，领先用户正设法尽快找到解决方案以满足市场的前沿需求。比如，改正液、运动型内衣以及运动饮料等需求皆来自领先用户（分别是专业打字员和优秀运动员）。在施工设备或科学测试仪器等类型的产品中，大多数创新都来自领先用户对产品的改良或变通。

2.收集记录产品的投诉信息。当客户的需求没有得到理解和满足时，他们会表现出挫败感。针对这个问题，企业可对消费者不满意的原因展开调查，以便加深对客户的了解。

3.在全国乃至全球范围内寻找先行者，尤其不能忽略流行风尚或科技发明出现得较早的区域。例如，鞋品生产商匡威这一类公司就使用"酷猎者"和趋势追踪器作为一种早期预警雷达，去发现和捕捉各种潮流趋势，比如，服装和鞋子消费正兴起的复古风。

4.预测支持性趋势的结果。美国联邦快递公司通过掌握全球化的货运流动、外包需求以及互联网普及等相关趋势，在"全球组件处理"中找到了增长机遇。一开始，这些趋势可能来自边缘市场，随后势必向外延伸。比如，单板滑雪、微型酿酒机和极限运动等都随着主流市场向外延伸，逐渐成长为新的流行趋势。

路径 2：克服消费障碍

任天堂 Wii 家庭电子游戏机通过吸引电子游戏机的非消

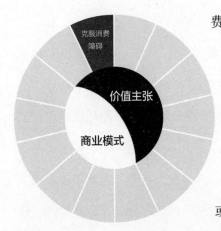

费者，打破了最畅销主机游戏机的单月销售纪录。

正如任天堂公司前社长岩田聪（Satoru Iwata）所说："我们不是在与索尼的主机游戏 PlayStation 或微软的游戏机 Xbox 竞争，我们是在与那些对电子游戏不感兴趣、拒绝购买电子游戏机的人作斗争。"通过挑战行业的传统智慧，在产品设计上多做减法而不是做加法，化解了客户的冷漠，让消费者在游戏过程中与游戏产品有更多的身体互动，因此，得到了非游戏玩家的青睐。此外，该公司还专门开发设计了一款用户友好型游戏操控器。为了降低价格门槛，该公司把该款产品的定价设定在 250 美元（相比之下，索尼的游戏 PS3 的售价则高达 599 美元）。

拒绝购买或消费任何特定产品的人不一定是对该产品不感兴趣。如果可以的话，一部分人是会选择消费的，但是他们面临着一些阻碍，抑制了他们的消费需求。目前已经确定了四种不同类型的消费障碍，克服每一重障碍，对企业来讲都是抓住了一个潜在的增长机遇：

1. 缺钱。现有可选商品价格过高。

2. 缺乏相应技能。现有可选商品设计复杂，顾客必须通过接受专家的指导或大量的培训，才能掌握相应技能。

3. 缺少使用机会。现有可选商品只能在特定环境、特定地点使用。

4. 缺少时间。现有可选商品的消费体验过程耗时太长。

任天堂公司提供了一款设计直观的游戏产品，纵使是非游戏玩家也可以即刻享受到游戏的乐趣。而且，这款产品上市时，任天堂公司给出了一个相当诱人的折扣（差不多七折）。至此，公司破解并消除了游戏机消费过程中两大障碍"缺钱"和"缺乏相应技能"。

该公司遵循十分完善的由外及内的思维方式，在市场洞察力的指引之下，识别并有效克服了消费者的消费障碍。该解决方案不仅是对传统专业知识的一个挑战，还冲击了固有的心理模型，给企业积极应对产品消费问题提供了新思路。

路径3：细分市场，拓展到新的市场区隔、类别或地域

如果要探讨新的区隔市场或细分市场，用整整一章节的内容可能都讲不完。在市场营销文献中，已经有很多对这一途径的相关论述，大多数企业高管和营销总监对此颇为熟

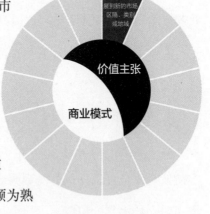

悉。所以在这里，我就简要介绍一下最后一个途径：拓展市场的地域范围，它呈现出令人振奋的创新机遇。

向新的地域范围渗透是时代的选择，不可抗拒。当前，发展中国家已经成为我们这个时代主要的增长引擎。这些发展中国家的社会"金字塔的底部"潜伏着巨大的商机。尽管这些国家人均收入较低，但它们拥有基数庞大的消费群体。这种消费前景对于宝洁公司来讲是一个十分诱人的发展机遇。其中的逻辑很简单：美国人一年人均宝洁产品消费额约为110美元。全球人口一年人均宝洁产品消费额是12美

元。宝洁产品在墨西哥的人均消费额为每年 20 美元，而在中国和印度的人均消费额是每年 1~3 美元。宝洁公司的目标是让中国和印度的人均消费数字接近墨西哥的人均宝洁产品消费额。

过去，人们设想，只要把为美国、欧洲各国和日本这样的苛刻市场研发的创新项目进行一番改造移植到快速发展的发展中国家，就能满足其需求。最近，这种推想遭受了双重挑战。首先，面对发展中国家的大市场，仅推出创新项目的精简版是不够的；只有当企业提供的产品满足其独特需求时，这些消费者才会做出积极回应。其次，事实证明，针对发展中国家的市场开发的创新产品设计简约、易操作、节能性突出，而具备这些特点的创新产品同时也能吸引发达国家的消费者。传统的创新流动轨迹是从富国到穷国，现在的情形开始反其道而行之。

路径 4：在所有触点上改善客户体验

客户的每个购买决定，从安装一件医疗设备到选择下榻一家酒店，显然都会经历一个完整过程：开端、经过和结尾。随着时间的推移，全过程的展开分为一系列步骤。关键是要

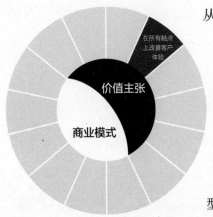

从客户的角度获取完整的客户体验，而不是站在你的立场，期望或希望客户对你公司的产品有什么样的体验。图2-3中概述的一般过程属于感召型或呼唤型的，这一实际过程往往更为复杂，也给想象与创新带来了许多机会。

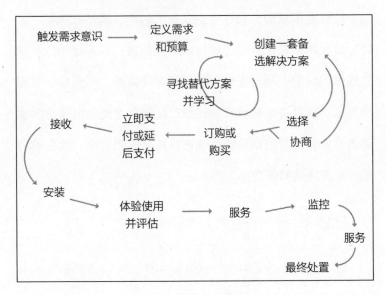

图2-3　客户体验映射

一旦这些步骤在图上标记出来，企业通过自省自查，弄明白在客户决定购买的过程中哪些步骤需要做出改进，由此便可创建出新的客户价值：哪些步骤可以做出改善？威斯汀酒店对准备就寝的人进行多次观察和采访之后，洞悉出客户需求：对于商务旅行者而言，他们最想要的就是睡一个好觉。因此，酒店创立了一个体验服务"睡梦天堂"。

哪些步骤可以省去、调整顺序、重新组合或者更加智能化？烦琐的步骤可以转移或实现自动化操作吗？

痛点在哪里？

哪些因素决定了公司会不会成为顾客的备选目标？

哪些步骤可以消除时间延误？

从一个由外及内的视角审视顾客的所听、所视、所感及所为，公司可以改进现有产品，甚至找到一片未开发的市场空白。关键是要重新回顾所有触点，哪怕是零散琐碎的接触点。玩偶店"美国女孩"（American Girl，玩偶品牌）和户外用品店"坎贝拉"都选择把店面装修成休闲度假风。两家店面分别被装饰成客厅和户外旅行目的地风格。无论你是想在"客厅"（"美国女孩"的店面装修风格）抱着玩偶吃冰激凌圣代，还是想在瀑布附近（"坎贝拉"的店面装修风格）练习步枪，这些商店都可以满足你的体验。它们不仅可以给你配上导购，让你买到心仪的商品，还能区分和强化商品价值，使之与众不同。

路径 5：开发新产品、新服务和新平台

对很多企业而言，这一路径更像是一条高速公路，路径宽阔，吸收了充足的资源。因此，在所有创新活动中，这是最好管理的一条路径，企业可采用阶段控制和实物期权投资等工具指导创新。重点是应用新知识和新技术进步，引入新的组合为客户增加价值（比如，GPS 系统或 ABS 制动系统）。不过，这样做的前提条件是企业对潜在的或未满足的需求具有深刻洞察力，并以此指导企业的产品创新、服务创新和平台创新，那么这一条路径肯定是最富有成效的。

这一创新路径的技术基础既是企业的支撑力量，同时也具有颠覆作用。一个颠覆性的技术突破有可能使企业的现有技术优势丧失效力，并进一步破坏企业的现有资源。所以，

现有技术很难与之匹敌。如果现有的技术复杂程度高且耗资巨大，而新的颠覆性技术简单易行且造价不高，同时又能满足大多数客户的需求，那么企业将面临很大的风险。赛富时（Salesforce）公司曾推出一款 CRM 软件（即客户关系管理软件），给市场带来强劲冲击。现有技术，比如 SAP（全球企业软件供应商），可为企业客户提供定制服务，当然产品售价不菲，而且企业还须支付高额的安装费用。Salesforce 公司将软件产品作为一种服务出售，让其企业客户在"云"端（即集中式主机）租用软件程序。与现有公司提供的软件产品相比，这些程序易于使用，且定价低廉，因此更加适合中小型企业客户。颠覆性技术得到了很多关注，因为他们改变了行业现状。相反，大多数的技术进步都是在原技术的基础上持续改进，所以，目前掌握该技术的企业可以在不削弱其价值主张的情况下继续沿用。

产品创新增长主要有两大类型：产品设计的创新和平台创新。一个平台是一组模块化的组件，作为企业系列产品或系列服务的必要组成部分。通过这些模块，企业可以更快速地打造出不同类型的产品系列，所耗费的资金与单独设计每个产品相比能节省很多。微软的 Windows 就是一个平台，借此设计了许多衍生程序和衍生服务；从办公软件 Office、手机操作系统 Windows Phone 到技术人员资格认证服务。

设计创新旨在创造出外观和功能独具特色的产品，提高产品识别度。产品设计的重点是设计师非凡的创造力，通常体现在产品的质感和产品外观的艺术美感上。这也正是 Bang & Olufsen 公司（简称 B&O）——丹麦电视、音响系统、电话和其他电子设备制造商，一直以来所秉承的设计理念。设计师一直致力于把新想法、新材料和新技术融进 B&O 公司产品的设计之中，然后，再加上工程师们的努力，最终实现新产品的量产。

路径 6：提供综合性解决方案

一个真正的解决方案必须是一套针对产品和相关服务的综合举措。只有综合性解决方案才能为客户创造出更大价值。这样的解决方案需符合以下四个标准：

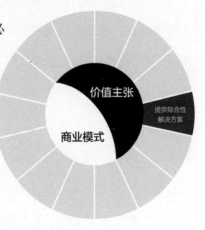

1. 方案的创建需要客户共同参与。

2. 根据每个客户的需求量身定制。

3. 作为供应商须依照客户提出的条件，提供优质的服务，做到响应及时、渠道畅通、责任清晰。

4. 供应商可通过绩效吸收客户一方的部分风险，或者签订风险基准合约或协议。

大家似乎很容易把企业向客户提供"一站式购物服务"等同于一套综合解决方案。然而，前者非价值创新，很容易被竞争对手复制，所以这些措施通常不会带来增长。企业由外而内深入市场、洞悉客户需求，有针对性地提出解决之道，才能真正实现增长。真正的解决方案可以站在客户的立场因势利导，帮助客户取得成功。针对这类创新，我有一个很好的例子：通用电气公司和劳斯莱斯公司联合推出"计时付酬"项目，允许客户在使用飞机发动机后按小时付费，这无疑帮助客户提升了消费成本的确定性。

路径 7：创新性模仿

模仿者往往会成为市场最后的赢家，但他们要做的不仅仅是复制这么简单。关键是要明白创新的吸引力在哪儿，弄

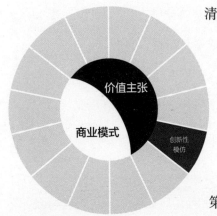

清创新没能成功的障碍是什么。创新的模仿者需要着眼于客户价值，不断寻求改善。比如，iPod并非第一款数字音乐播放器，苹果手机也不是第一款智能手机。苹果手机采纳了原创者的理念，并使其更有吸引力。价值数十亿美元的自有品牌或自主品牌不就是基于对知名品牌的复制，以更加低廉的价格提供同样品质的产品。快时尚公司 ZARA（飒拉）通过模仿 T 台设计走向成功，该公司快速地把设计转化为成品，并推向终端的零售市场。公司反应之迅捷，远胜过行业内其他竞争者（乃至原设计师）。

通常，追随者研发成本更低，失败风险更小，因为产品概念已经通过了市场检验。要想获胜，他们必须从先驱者的问题中汲取经验和教训，灵活部署、积极应对，高速研发出一款更优质的产品，把其他竞争者远远地抛在身后。创新型模仿者获胜的另一种方式是释放出更大的上市能力，更彻底地覆盖市场。

路径 8：创新价值曲线

这条路径侧重于如何通过挑战行业的传统智慧来获得竞争优势。最有效的方式是将它与其他路径相结合，因为这一路径通常要求企业提供新的产品和服务，重新思考其细分

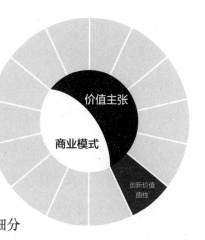

市场目标。首先，把竞争对手旗下不同级别的产品和服务的相关特征悉数描绘出来。企业思考如何调整产品和服务的特征，其中哪些功能可以消除、增强、减少或添加，以使其低于或高于行业标准。向固有的传统价值曲线发起挑战，激发企业创新力。产品价值曲线应尽量涵盖顾客挑选和抉择过程中所涉及的所有因素（产品本身除外）。

这种方法曾经用于创设金吉儿经济型连锁酒店。这家连锁酒店由塔塔集团（该集团同时也经营着泰姬陵连锁酒店）于 2004 年在印度推出。该酒店的设计着眼于满足商旅人士的需求。商旅人士想要的住宿环境不是那种设计粗俗、伴有

难以预料的安全风险的廉价型酒店，但他们也无法承担五星级酒店高昂的房费。

金吉儿酒店承诺在合理的价格区间内，让客户拥有"始终如一、简约清新、轻松自在"的居住体验。酒店内部客房的设计风格简约，家具陈设简单而不失雅致，最突出一点是，客房配备最高端的新式床垫。为了严格控制成本，金吉儿酒店将酒店设在商业区，远离高端房地产区域，采用客人自助入住方式，减少雇工成本。这条竞争曲线（如图 2-4 所示）把金吉儿酒店与其他酒店业竞争对手区分开来，使酒店提供的住宿条件与目标消费群体的需求保持一致。

路径 9：赋予"感知与回应"能力

商业模式路径的本质在于活动和过程的模块化，能在客户提出要求之后，及时响应、创造出产品组合。早期，戴尔电脑公司曾采用接单生产模式获得成功，即潜在买家先提

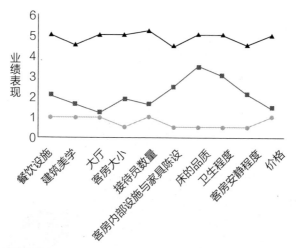

图 2-4　印度的经济型酒店市场

出设计一款他们想要的个人电脑或笔记本电脑，并获得一个产品定价和交货报价，与此同时向公司下达订单。相反，其他"制造和销售"型公司则根据可能的市场需求来预测和安排公司运营。

　　一个混合式方案就是企业随机应变、弹性操作，既为一些客户提供低成本的支持和消息传递，同时又与其他客户开展深入合作并提供精准定制服务。其前端类似乐高积木的模块化操作确保了企业灵活运营，及时响应客户的个性化需求，如功能升级、技术支持、教育培训和后勤保障等。在系统集成、数据分析和知识共享网络方面的发展有助于企业克服协调方面的难题。

路径10：瞄准特定的区隔市场

有机硅产品的全球领导者道康宁公司主要向买家提供高端设计服务和个性化销售支持。然而2002年以后，该公司这种固有的经营模式正面临着重大威胁。一个对价格敏感的买

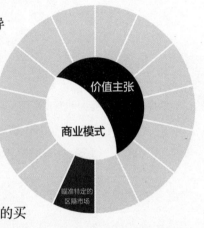

家总是要求商品本身在品质可靠的前提下，一定要有很高的性价比。这无疑为低成本的海外竞争对手留出了市场空间。

为了赢回低端市场，该公司针对价格敏感型客户的特定需求，量身定制了一种低成本的营销模式，并专设一个部门负责这一区隔市场业务，命名为"流量计"（XIAMETER）。该公司通过取消技术服务、将交货时间从小时延长到天、限制订单大小区间以及控制海关手续费，有效降低了产品销售

和分销成本。同时，公司开启大规模线上订购模式，公司与客户双方的沟通交流全部都依赖电子邮件。事实上，该公司发现另外还有 70% 的市场需求仍需采用高接触式的销售模式。正是洞察到市场的这一特点，该公司才成功实现商业模式创新。

路径 11：高效进入市场

耐克公司首席执行官曾坦言"过去我们与客户的联系仅限于单向推介，'这是我们的产品，这是我们产品的广告；我们希望您能喜欢……'而今天与客户联系必须是一种对话"。从这一观点，我们可以看出耐克公司努力将市场营销战略向数字领域转变的动机。短短 3 年间，耐克公司对印刷业和电视业项目的投资额下降了 40%。相反，耐克公司的资金流向了在线活动、社交媒体，以及支持志趣相投的用户开展社区活动。无可否认，在我们这个时代，人们对名人代言"翻车"①事件早已司空见惯。幸运的是，耐克公司改变项目投资重点使其免受名人代言"翻车"事件的消极影响。更重要的是，无论客户是跑步健将、篮球健将，还是普通消费者，耐克公司都可以通过增加其产品或服务传递给客户的价值与意义，来改善客户体验，这使得耐克公司始终领先竞争对手，在市场独占鳌头。

在接触客户、说服客户、实现客户需求的过程中，公司采取的每一个营销步骤都可能成为创新目标。创新可以针对日趋复杂的客户问题提出解决方案，或者重新考虑传统销售团队在一个信息化时代能扮演什么新角色。此外，在全球竞争加剧的大环境下，为了应对成本压力、客户群体的高要求，企业必须拿出创新之举。在制药行业，传统的业务模式是让大批销售代表在市场铺散开来、大肆宣传，向医生们"详细解说"某种特定的（受专利保护的）药物，销售代表的那套说辞都是根据脚本事先排练好的。来自同一家制药公司的多个销售代表都会去找同一位医生推销。现如今，医生的医务工作本就十分繁忙，根本没有时间和耐心去听销售代

---

① 出现意外，没有达到预期效果。——编者注

表的那套说辞——一方面，可供销售代表们吹嘘的药品创新较少；另一方面，公众和医药行业监管机构也密切关注着销售代表们对医生开具药物处方造成的影响。

为了应对这一局面，医药公司要求他们的业务代表做好对医生和医疗实践的资源支持工作。这需要公司方面在医药代表的业绩评估和激励措施上进行创新。制药公司不再使用销售出去的药品处方数量来衡量销售人员的业绩，而是更多地关注医生对药品和服务的满意度。和耐克公司一样，制药公司也意识到，他们工作新的重点是与医生进行对话，并解决医生的担忧。

路径12：缩减核心业务，扩大业务网络

公司嵌在一个连续的价值链条中，每一项商业活动都环环相扣，与进入市场的渠道彼此连通。每通过一个环节的活动，公司的产品就增加一部分价值。但是，公司对价值

链的设计和管理，不单是把各部分价值简单相加得到一个价值总和，而是要创造出更多的经济价值和客户价值。

信息技术的进步与设备的协调运作，让企业可以做到统筹规划，调动各部门协同作战，并通过网络实现业务外包进一步缩小核心业务，开辟出更多创新途径。其目的是降低成本，提高效率。依靠这一创新路径，美可公司（在耐克公司和苹果公司之后）跻身全美企业创新榜单第三位。美可公司通过推广邮购药物业务，重塑了人们购买药品的方式，并且让医生和药房接受了处方的电子交付方式。通过降低健康计划的药品成本，美可公司创造了价值。还有另外一个范例，巴蒂电信公司将其核心活动限制在客户服务、市场营销和监管界面，同时把其余业务外包出去，由此成为印度最大的移动电话运营商。

路径13：重新建构核心流程

我们有大量的机会重新设想企业如何为客户提供新价值。比如，荷兰国际集团 ING 旗下的网上银行把开立新银行账户的信用资格审核期从两天缩短到 15 分钟，大大缩短了周转时间。"快时尚"概念的先驱——ZARA 服装连锁店，重新

思考公司的服装设计与制作流
程。对大多数服装制造商
来讲，其价值创造的过
程从设计师开始。有的
设计师甚至会提前一年
酝酿系列服装的设计。这
样一来，企业不得不拖长交货

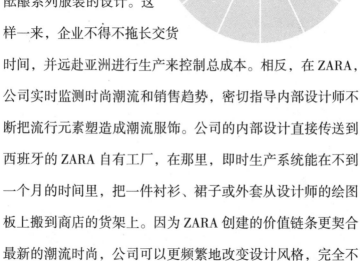

时间，并远赴亚洲进行生产来控制总成本。相反，在 ZARA，
公司实时监测时尚潮流和销售趋势，密切指导内部设计师不
断把流行元素塑造成潮流服饰。公司的内部设计直接传送到
西班牙的 ZARA 自有工厂，在那里，即时生产系统能在不到
一个月的时间里，把一件衬衫、裙子或外套从设计师的绘图
板上搬到商店的货架上。因为 ZARA 创建的价值链条更契合
最新的潮流时尚，公司可以更频繁地改变设计风格，完全不
用担心库存积压问题。

路径 14：改变企业的赢利模式

商业模式的终极问题，用基本的术语来讲就是："企业
如何捕获客户价值？"也就是："企业如何从其为客户创造的

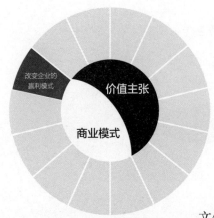

价值中获得报酬?"就这一问题，在过去的几十年间，许多行业都发生了巨大的变化；对许多企业来讲，发生变化也许是无意识的。面对一个文件共享、易于下载的时代，整个媒体行业一直都在努力创新企业捕获价值的方式。尽管许多客户正在抛弃传统的"有线电视"整体打包类的产品，但无论是娱乐产品出品企业 HBO 电视网，还是有线电视公司［比如康卡斯特（Comcast）］都未能创新出一种"照单点菜"的方式，既能满足客户需求又能让企业赚足够的钱来维持经营。

近年来，最常见的价值捕获体系的创新方式已经从产品 - 销售模式转向了服务供应模式。如今，你可以像租用一台复印机一样轻松地租到工业地毯。而且，服务供应模式也不仅是租赁这一条路。在这方面，普莱克斯公司的做法就很到位。该公司不是把气罐车开去停在客户工厂的一边，而是把气体直接输送到客户工厂厂区内的气体使用点，由此捕获了更多价值。卡斯特罗工业公司也创新了一种服务模式，客户根据该公司给出的建议，减少产品使用量所带来的收益由该公司与客户共享。换言之，该公司现在通过建议客户减少购买公司的产品来获取增值价值。显然，在这一路径上还有很多创新机会。

结论

2012 年，曲线健身中心俱乐部（Curves Fitness Centers）获得健身特许经营权，通过在健身产品、目标客户细分市场和价值曲线方面实现了健身服务的全线创新，成为世界上规模最大的健身俱乐部，拥有会员 400 万人。传统的健身俱乐部同时为男宾和女宾提供健身服务，健身设施配备齐全，但是健身卡月费不菲。而曲线健身中心俱乐部的自我定位是女子健身中心，它为女性客户提供一个 30 分钟内的全身锻炼服务，费用仅为每月费用的三分之一。该中心的所有健身设备专门为女性设计，排列成一个大圆圈，鼓励大家在健身的同时相互交谈；定时音乐指引健身者从一种设备转移到下一种设备，让健身者的整体体验十分愉悦。

曲线健身中心从八条最普遍的价值主张路径中筛选出四条路径。支撑其创新的主要路径是向客户传递出与众不同的价值曲线，使之区别于传统的提供全面服务的健身俱乐部。不仅如此，公司还克服了女性健身消费的障碍，在一定程度上，满足了消费者的潜在需求或未得到满足的需求，有助于增强健身环境的有序性和社交功能。同时，该公司还把许多健身俱乐部的标准配置重新组合安排，打造出独树一帜的健身服务产品。此外，曲线健身中心俱乐部还给大家提供了一条难得的经验：创新计划所涉及的途径越多，价值主张的整合度越高、越引人注目，竞争对手就越难进行简单复制或跨越式复制。这并不意味着竞争对手不想复制曲线健身中心俱乐部的创新之举，而是他们即便复制也很有可能会遭遇失败。

一旦你确定了增长策略，选择了有机生长，首先就需要扩大增长机遇的搜索范围，然后逐渐收缩，最后汇集在能提供最佳风险或回报的路径上。许多企业制定了大量的风险防范措施，防止在不切实际的可能性上浪费时间和金钱，但是鲜有企业积极制订综合方案，有条不紊、井然有序地开展对全方位创新的探索与追求。如果你确保你的企业正在探索运用所有十四条增长路径来创造新的客户价值，那么实现增长的创新理念数量将显著增加，进而大大提升企业利用邻近市场的概率。

给企业管理者的指导意见：为路径导航

● 在你所在的行业中，哪条增长路径获得了最多的创新投入？所有竞争对手的创新投入都一样吗？

● 你的企业从哪里划拨创新预算呢？创新投入有多集中或有多分散（涉及多少条不同的创新路径）？哪一部分的创新投入流向了主导路径？

● 你的创新投入中有哪一部分超出了行业所遵循的传统途径？

● 哪些路径曾经诞生出成功的增长计划？

● 在反应性搜索与定向搜索上的支出平衡是什么？

● 你的客户洞察力发挥了怎样的效用？把你的客户洞察力与竞争对手和最佳（下一个）实践相比，孰优孰劣？

● 谁对增长投资组合负责？做出资源分配决策的过程是怎样的？企业内部对创新流程的了解程度如何？

第三章

聚合力量，锁定
最佳机遇

　　分散搜索标志着企业正式开启有序的增长过程。分散搜索的目标是通过全景展望、全方位搜寻增长路径，充实增长机会渠道。在寻求增长过程中，分散搜索这一步，如果执行得当，可以为企业带来更多发展机遇。随后，搜索到的各种发展机遇进入候选池，企业通过设置过滤机制，层层过滤，最终捕获到最佳机遇。本章介绍如何选择待开发的机遇与项目。机遇汇集的鼎盛期体现为机遇进入实现增长与捕获价值前（比如，商业化）的预备阶段。

　　三重过滤系统，一重比一重严苛，用来筛选发展机遇，确保在风险和回报之间找到最佳的平衡点。过滤机制的运用旨在控制发展机遇的宽进严出。刚开始，不确定性虽然很高，但企业资源遭遇风险的概率相对低；后来的情形则与开始的情形恰恰相反。

　　机会集合的提炼与改善。一个特别有用的方法是举办一场"创新锦标赛"。这是一种类似于商业项目计划大比拼的方式，曾经流行于硅谷和许多商学院。在创新项目会上，项目代表向与会者推销一个或多个增长路径。经过讨论，会议小组决定哪些路径最令人感兴趣、最值得进一步研究，并最终挑选出有价值的增长机遇。

二次筛选，增加信息透明度。这一轮筛选的目的是为了确保所有相关的假设都能浮出水面并得到检验。二次筛选可深入探究为什么创新锦标赛的获胜项目能获得大家的青睐。支撑获胜项目获胜的这些假设具有多大合理性？第二层过滤机制进一步确定这些项目未来能否获得发展，企业在最终决定前是否需要了解更多信息，这些项目是否会因为存在可能无法修复的深层缺陷必须暂停。

评估风险和控制风险。最后，是时候决定是否进行重大投资，让增长机遇走向市场。考虑到在市场接受度、竞争反应和执行力方面存在诸多不确定性，我们需要重新审查这些潜在假设，做到在项目开发阶段已经对所有不确定性了然于心。鉴于相关风险，应慎重考虑：机会的大小、成功的概率是否与企业付出的开发成本相当？如何通过购买实物期权来降低这些风险？

这三重过滤系统相互重叠，同时其筛选强度和严格度递增，它们都在解决同样的基本问题。筛选的具体过程可以用图 3-1 进行抽象概括，但现实的操作过程并不似图中那样整齐划一。面临战略抉择，企业往往要基于预判慎重挑选。然而在这一过程中，有可能出现各种选择相互挤压，相互排

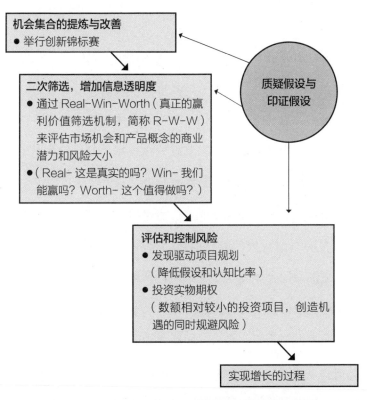

图 3-1 锁定最佳机遇：严苛程度递增的过滤机制

斥，局面一时混乱无章的情况；有可能，企业试图坚持初衷，却不幸遭遇意外，并由此产生意想不到的突发性问题。实践出真知。最终，只有在对市场机遇和技术机遇的深度探索中，企业才能收获新的市场洞察力。

机会集合的提炼与改善

创新锦标赛其实是另一种形式的众包（即面向广泛人群的外包任务实践），它利用知情的内部人士提出一系列的增长机会，并对机会实施评估，来应对具体的战略挑战。创新锦标赛仅限内部人士参加，其好处在于每个参与者都能充分理解有机增长这一目标，对整个行业都很熟悉，可以完全沉浸在对增长路径的探索研究中。虽然项目比拼在网上进行，但与为期一到两天的面对面研讨会相比，网上比拼效果更佳，更能鼓励大家为企业的战略选择踊跃建言。项目比拼有助于那些独特非凡的创意脱颖而出，获得企业支持。

在大型制药企业看来，创新锦标赛的优势十分突出：这足以让企业员工行动起来，正式开启增长路径探索之旅，尝试创新药品的"上市销售"模式。当然，创新总是要担风险的。

从过去的情况来看，全球的制药企业都以开发重磅药品为目标，通过大肆倾销重磅药品，赚取高额利润。比如，降血压或降胆固醇的药品。到2012年，这种商业模式已经受到严重威胁，因为许多药品专利即将到期（饥饿的仿制药生产商正蓄势待发）；管理式医疗机构、保险公司和雇主迫切要求削减他们的药品清单；药品交付的数量和速度大大下降，充其量也只能算是涓涓细流。制药公司采用的药品销售方法大同小异，无非依靠大批训练有素的销售代表"详细说明"药品功效，想方设法把药品推销给能够开具处方的医生。这种方法不但耗费人力而且成本高昂。如果没有重磅药品带来稳定的利润流，这种方法对制药企业来讲已经无利可图。

商品进入市场的销售模式必须改进，但同时还得承认，销售人员是一种有待深度开发的资源，只要利用得当，就能够继续推动企业增长。我们需要开发销售人员的新角色、新功能。药品销售人员不仅要向能够开具处方的医生进行药品营销，还可以针对医疗保健系统中的其他相关参与者推销药品，包括护士和药剂师。此外，他们还可以与医疗保险公司进行接触，为患者开展医疗保健升值服务，如服药依从性[①]特色项目。制药企业的这些创新计划考虑到了社交网络和网络通信方面的技术进步，充分利用了处方开具的大量相关数据。

制药企业曾经出现这样的场面：排名前二十的市场策划部经理、销售经理，加上拥有丰富市场经验的企业管理人才，大家济济一堂、共商大事。研讨会设定的目标是确定五到七条符合企业增长战略的主导路径，充分利用企业资源，为创新行动赋能。研讨会分为两个阶段，一是广撒网，多方搜寻候选项目，二是逐层遴选，最终选定最佳增长机遇。研讨会开了整整一天。与会者针对药品进入市场销售这一增长路径，展开深入的背景调查，包括基准研究、竞争对手分析、患者体验图和外围活动勘查。会上，有关增长机遇方面的设想很多，但又出现了其他问题：增长机遇看似很多，也很诱人，但除了推出新药之外，在其他方面，大家都缺乏创新经验。

---

① 服药依从性指病人接受、同意并正确地执行治疗方案，这包括准确的服药时间、剂量和复诊时间，以及遵守个别药物的饮食限制等。——编者注

形成增长理念

群体创造力的试错学习与研究能给我们一些启示，有助于企业在增长理念形成阶段提取最大价值。

首先，通过阅读前一章内容，确保企业管理人员对需要解决的战略问题在一定程度上达成共识。深入了解客户洞察力、竞争对手分析、前体市场研究以及周边市场信号（哪怕很微弱），共同为企业采取由外及内的思维方式做好准备。关于如何实现增长这个问题，企业普遍的做法是聚集很多人在一起讨论。事实上，这么做不见得有效。讨论时，大家你一言，我一语，一会儿有一个想法，一会儿又冒出来另一个想法，加上团队力量的消极影响（如群体思维、人云亦云），抑制了早期的思想流动，形成了思想瓶颈。

多数优秀的想法往往来自少数几个人，但是很难提前确定到底是哪些人。之所以产生这种不确定性，可能是因为大家在才干、努力程度或对问题的理解度上存在个体差异。总的来说，不要过早地收缩参与者的范围，最好是广撒网，让企业充分吸纳"点子王"。

真正富有成效的构想过程，必须鼓励具有创新精神的思

想者站出来畅所欲言；同时参与者之间要相互包容、相互理
解，最后大家都能接受这个构想过程，充分理解其中的逻
辑。同时，这也为项目后期赢得大家的支持打下了良好的
基础。而在过去，制药企业的做法是，每一位参与者限时
15 分钟陈述自己的增长理念。多数参与者不得不退而求其
次，提出很多小型创新计划，但这些计划很快就被筛选机
制淘汰了。

筛选增长理念

虽然我喜欢用漏斗来比喻筛选过程，但创新筛选的实际
过程并不是这样运作的。如果它是一个漏斗，无论什么想法
进入漏斗口，最终都会顺利通过漏斗保留下来，因此这个提
炼过程更像是优化，而不仅仅是选择，其目的是迅速过滤出
构思不当或无关紧要的想法。

我在沃顿商学院的同事已经设计出一套方案，可快速检
验创新计划的可行性。在药品进入市场销售的项目中，共有
50 多个想法需要检验。首先邀请每位参与者简要陈述他的想
法；待陈述完毕后，把每个想法都写在墙上的展示板上，等
待大家的"投票"；然后，给每个参与者 10 张贴纸，贴到他

们心仪的想法上；在"投票"之后，还有一番激动人心的讨论，很明显，只有五个想法值得慎重考虑。胜出的想法需要参与者进一步充实内容，然后用下文描述的筛选方法进行严格的评估。这才是创新锦标赛正确的运作方式之一。这是一个灵活的工具，创新团队可以根据实际需要对它进行改进和调整。

二次筛选，增加信息透明度

Real-Win-Worth（R-W-W）筛选机制可谓简单易行、功能强大。该筛选机制的构成基础是一系列的问题，涉及创新理念、创新产品、潜在市场、企业能力和企业竞争力。它不是简单给出行或不行的判断，而是一个有序推进的审查过程，适用于产品开发的多个阶段，可以暴露出错误的假设、信息差和潜在的风险来源，以确保企业能全方位探索各种改进途径。在项目审查时，R-W-W 筛选机制可用于识别问题、解决问题、管控风险，一旦发现问题无法修复，当即终止项目。

创新具有无序性、非线性和迭代性特征。说得简单点，在早期阶段，我们使用 R-W-W 筛选机制来检验产品概念的可行性。然而，实际上，一个特定的增长概念将在开发过程的各个阶段被反复筛选：在概念阶段、在原型设计阶段、在产品进入市场发行的早期阶段。通过反复多次的评估，筛选机制将产品细节、市场和财务分析纳入总体评估，能针对所有筛选问题提供更准确的答案。

R-W-W 筛选机制指导开发团队对一些好的想法深入挖掘。R-W-W 筛选机制分为三个方面，每个方面涵盖许多细致的问题。顶层是三个简单的问题：这个想法是真实的吗？我们能赢吗？这个产品值不值得做？当然，这些简单的问题并不容易回答。为了便于找到答案，这三个顶层问题又被进一步拆分：

真：真的会有市场吗？真的能做出产品吗？

赢：靠这个产品能不能赢过竞争对手？我们企业有没有赢的实力？

值不值：考虑到相关风险，这个产品值不值得做，企业有没有利润？推出这个产品有没有战略上的价值？

这些问题还可以进一步分解。具体问题总结见图 3-2。详细描述见附录 B。

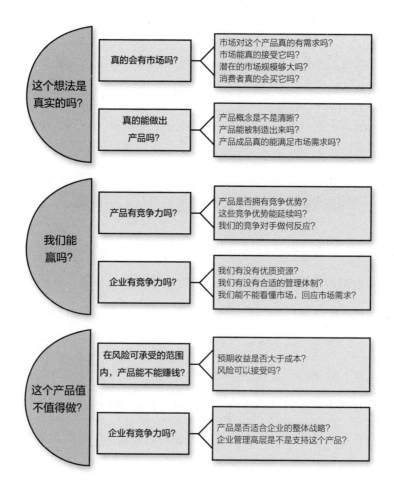

图 3-2　筛选优质项目

　　为了通过 R-W-W 筛选机制的检验，开发团队必须进一步深入探索相关支持性问题。一端是"绝对肯定"，另一端是"绝对否定"，开发团队得出的每个问题的答案落点分布在两极连续体内。显然，如果前六个基本问题中的任何一个出现否定答案，项目应该立即终止。例如，"这个产品有竞争力吗"？如果大家的回答一致是"否"，开发团队也完全没有任何理由把答案改成肯定的（或改成"也许有"），那么继续开发这个产品是完全不合逻辑的。

筛选团队

项目筛选团队的成员构成因公司、计划类型和发展阶段的不同而不同。R-W-W 机制的筛选团队成员可能来自不同部门：研发部门、营销部门和生产部门。在项目筛选的进程中，一方面，筛选团队成员可以各司其职，另一方面，他们可以和熟悉筛选流程的高层管理人员合作。特别是遇到项目开发的决策点时，企业的高层管理人员就会凭借其突出的专业知识与技能，理智而冷静地推进问题的解决，最终找到准确答案。与此同时，企业的管理高层必须具有同理心，愿意为筛选团队提供各种资源以填补信息空白。

对于 R-W-W 机制的筛选团队的管理工作，关键在于谨防筛选团队成员把筛选误认为是一个需要克服或规避的障碍，或者是把筛选看成是对项目的潜在威胁。同样重要的是，团队成员不能把筛选当成是管理层下发的尚方宝剑，任意使用。这些误解将违背筛选的初衷。事实上，筛选主要是一种学习型工具，既能揭示可疑假设，又能帮助企业找到问题的症结，提出相应的解决之道。

因为项目开发团队的成员既是项目的评估者又是倡导者，筛查就很容易被误用和操纵。开发团队的成员可能担心，如果对项目展开深入的调查评估，哪怕是坦率地表达出怀疑，都可能会危及项目的成立。所以，出于对项目优势的自信，他们很可能会做出草率的项目评估。为了避免掉入这种陷阱，我们提倡一种做法：招募一个可靠的外部人员作为筛选团队监理，这个人最好是来自公司其他部门，非常了解新产品上市销售情况，与项目筛选结果没有直接利害关系。监理的工作应该是揭露项目的任何不确定性、信息差和意见分歧，并帮助解决这些难题。

3M 公司接受 R-W-W 筛选机制的原因

3M 公司（明尼苏达矿业及机器制造公司）是 R-W-W 筛选机制最忠实的倡导者。该公司曾经把这种筛选方法用于1500 多个项目的审核。3M 公司能成功推出电脑防窥膜，

R-W-W 筛选机制功不可没。从此，R-W-W 筛选机制的可信度在 3M 公司得到了极大提高。虽然公司掌握了超微细百叶窗光学技术，让其产品具有独特的防窥功能，但防窥产品的上市销售一开始并非很顺利。电脑防窥膜的前两个版本在市场测试中都失败了，公司的销售人员已经出现消极情绪，不太愿意销售这款产品。此外，销售人员们都认为，这款产品的销售价格过高，勉强上市销售很有可能会拖累利基市场的销售额下滑。

新上任的总经理敦促开发团队遵循由外及内的方法，采用 R-W-W 筛选机制遴选上市产品。结果显示，这项技术成效显著，受到专利保护，而且很难被竞争对手复制。但是，R-W-W 筛选机制同时也揭露出该项目缺乏市场调研，对于产品的市场规模和目标客户群体缺乏了解，也没有深入研判 3M 公司的电脑防窥膜能否满足客户的强劲需求。客户是否愿意支付足够高的价格来购买此款防窥膜呢？在获取到有力证据证明防窥产品的潜在需求量后，企业管理层批准继续开发这个项目。这一切得益于市场的验证与观察性研究；此外，对电脑制造商和分销商的采访，显示出电脑防窥膜具有巨大的市场潜力。产品植入营销主要针对高度需要隐私保护的办公室工作人员，如人力资源经理。在洞悉防窥膜的市场潜力之后，3M 公司利用其在办公产品市场的销售表现和品牌效应，集中向市场推出了一个完整的隐私保护防窥产品系列，专门用于笔记本电脑和台式电脑。在 5 年之内，该产品线成为 3M 公司规模最大、增长最快的业务之一。

风险评估与风险管控

创新过程中的每一个阶段都可能弥漫着失望的风险。在市场需求与需求的满足方案之间，任何一种全新的尝试都可能面临过类似的情况。成功的创新者会直面风险，通过明确潜在假设的合理性，采取行动管控风险而不是逃避风险。在最初阶段，创新项目必须接受 R–W–W 筛选机制的前期筛选。当创新项目进入全面实施阶段时，或者当创新产品准备推向市场时，创新企业为了管控风险，可以采用发现 – 驱动计划（Discovery–driven Planning）再次质疑并审核原来的商业计划以及计划投资的财务状况。另外，企业还可以采用一种实物期权的思维模式，即寻求小额的初始投资，后续是否扩充投资金额则要视情况而定。

挑战商业模式

一家多元化产品的制造商对其创新投资项目的回报感到失望。为了切实掌握导致该项目回报偏低的具体原因，企业内部收集了大型增长型投资计划的财务数据，然后说服另外一些非竞争对手公司贡献出他们项目的财务数据。这样做的目的是比较这些项目的销售额、市场份额和赢利能力。通过比较各个项目在启动后7年的实际业绩表现，来证实项目回报情况，并为项目后期的资金支持提供数据支撑。

项目数据的比较结果令人吃惊。赢利能力（ROI）预测（本轮研究中所有商业计划的平均值）呈现出一个诱人的长期回报（收益远高于投资成本），并且项目将在商业化后的20个月内实现盈亏平衡。现实的情况是，只有10%的项目达到并超过了预期。实现盈亏平衡的平均时长是4年半，这么长的时间周期根本不足以说服集团对项目投资。10%垫底的项目在7年后仍处于亏损状态。

我把这些发现分享给许多行业的经理们，大多数人并没有感到震惊。甚至，当我告诉他们这些数据还是项目实现商业化7年之后的业绩表现时，大多数人也是一副处变不惊的样子。在那 7 年的时间里，肯定有很多项目被迫搁置或终止，如果算上它们的数据，这个结果肯定会更加糟糕。

有时候，一些创新项目为了能通过早期论证，大肆渲染项目的预期赢利能力。对于这一点，很多的企业管理人员表示深恶痛绝，他们也能解释清楚造成这种扭曲的缘由。其一，项目审核组首先把目标锁定在盈亏平衡或者 ROI 折现现金流量上。为了迎合项目论证的达标线，项目负责团队完成对盈亏目标的设定以及关键成本、价格和采用度参数的调整并不难。其二，竞争者刻意钻比赛规则的漏洞，使用一些虽不光明磊落但也不犯规的方法达到目标。资源分配通常被视为一种零和游戏，也就是说，企业用于创新投资的资金池只有那么大，所有"有价值"的候选项目不得不你争我夺。如果每一个参与竞争的项目都提交了一份亮眼的预期赢利报告，那么那些真正有价值的项目就很可能会被其他候选项目给挤下去。因为大多数经理都相信自己的项目和其他项目一样好，他们收集了一系列的假设来支持他们的观点。这时难免会出现一些偏见。我喜欢把它称为"确认偏见"（confirmation bias），人们倾向于选择和接受那些支持我们信念与假设的信息，自动忽略或拒绝接受那些令我们感到不安的信息与质疑。当"确认偏见"叠加过度自信，情况会变得更糟糕，这会让我们产生盲目自信，过于确信自己目前的假设是正确无误的。最后，开发团队倾向于群体思维，团队成员纷纷人云亦云，终将难逃偏听与盲从的结局。

对自身创新能力有信心的公司已经认识到这些偏见的存在，并且开始从多个方面入手制定应对措施。首先，他们敢于直面挫折与失败，深入细致地剖析失败原因，找出原来的假设到底在什么地方出了问题。基本上，问题溯源到最后都可归结为不可控的市场因素：比如，市场采用率、市场占有率或周期价格变化。事后调查与分析是为了企业能吸取经验教训，不是为了揪出某个人来承担责任。把这些调查分析结果记录在案，以儆效尤。这么做不但为公司积累了经验财富，提升了战斗力，还为停滞项目或失败项目的"重生"提供了机会。

有信心的创新者明白，经验丰富和可信度高的"外部人士"可暂时纳为己用，帮助团队验证假设。开发团队正热衷于把项目推向市场，就算项目出现一些不尽如人意的地方，他们也有可能会对此不屑一顾。这些外部人员可能是公司其他部门的成功创新者，或者是对类似情况具有丰富经验的顾问和专家。自信的创新者专注于能创造现金流和经济价值的潜在基本因素；如果在销售、成本和利润回报的预期上缺乏合理的假设作为支撑，说明该项目不足以获得集团的重金支持。最后，得益于前期取得的项目经验与成果，自信的创新者会在项目发起的初期使用 R–W–W 筛选机制验证关键假设。但是，当项目进展到必须投入大量资金的阶段时，他们将转向一个更有价值的工具作深入分析。它就是由丽塔·麦格拉斯（Rita McGrath）和伊安·麦克米伦（Ian MacMillan）共同开发的分析工具：发现–驱动计划。麦格拉思和麦克米伦说："这种方法的逻辑是随着你项目计划的展开，你想降低所谓的假设与知识的比率。当这个比率很高时，项目存在很大的不确定性，那么应该以尽可能低的成本优先考虑快速学习知识，填补信息空白。"随着假设与知识之比的降低，项目重点转移，资源优化可能变得更加重要。

为了让项目团队专注于真正重要的事情，发现–驱动计划首先要求他们列出初始预测中包含的所有假设。接下来，关键的问题是："在已列出的所有假设中，哪些假设能担保项目实现预期？又怎么证实这类假设呢？"所有假设依据其战略意义和信心指数划分类别。斯科特·安东尼（Scott

Anthony）提出了一个很好的方法，分别从两个维度划分假设的先后处理次序。如图 3-3 所示，假设分为需要被验证的假设和假定事实（已知事实）。

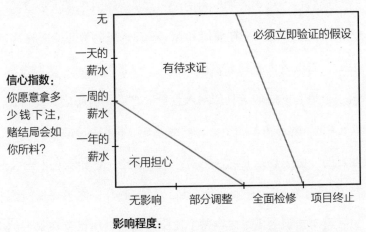

图 3-3　划分假设的先后处理次序

以下是一些被高度怀疑、急需验证的危险假设：

● 客户会购买我们的产品，因为它具有很大的技术优势。

● 经销商愿意储存我们的产品，并提供配套的检修、保养服务。

● 我们可以在预算范围内按时完成开发。

● 竞争对手会理性地回应。

● 这个市场的领军人物和意见领袖（也叫舆论领袖）会支持我们。

● 企业内的其他部门将愿意支持我们的项目启动计划。

与这些可疑的假设相比，赛格威滑板车的销售计划背后的假设最为危险。这款两轮滑板车以电池作为驱动，设计十分精巧，可作为单人短距离代步工具。电动滑板车在定价时考虑到其复杂的动态稳定技术成本，把上市发行价格设定在5000美元。这一产品的销售计划要求，到新产品问世的第一年年底，新款电动滑板车的销量必须达到每月4万辆。

很快，电动滑板车上市销售已经5年了。截至那个时候，总共只卖出23000辆车（每月的销售水平接近400辆）。那么，哪里出了问题？在对行人友好的环境中，短途代步车需求被假定为潜在市场，比如，人行道和机场。代步车的实际需求量比预计需求量要小很多。事实上，仅仅有一部分客户对短途代步车有一种强烈的、重复性的需求，这部分需求是步行或骑自行车无法满足的。而且，这部分客户仅需要一个更便宜、更简单的站立式平台车；在设计上，增加一个第三轮作辅助支撑就足以实现代步车平衡稳定运行，满足客户的代步需求。

发现–驱动计划帮助开发团队和拥有资源分配权限的管理人员，质疑并揭露出他们商业计划中潜在的危险假设。这一计划工具以"反向损益表"为基础。顾名思义，先行设定预期的营业利润；然后，再逆向操作，明确要完成多少任务才能实现预期的利润目标。假定目标利润额，倒推出营销收入；商品价值链条上的每一个阶段产生的费用，包括生产成本、销售成本和分销成本；以及为了实现赢利目标，项目所需的资产支持。每一环节的预测都需要一个明确的假设，这些假设可正式注明为交付规范的一部分，涵盖了项目取得成功所必须完成的一切任务。在项目的早期阶段，R–W–W筛选机制是检验假设的首选工具，但同时它出错的概率也是很高的。当该项目即将启动时，前期多调查、多研究、多学习可以消除假设中的不确定性，并使相关人员具备一定信心来完成反向损益表。

为企业保留选择权

一家企业打算投资一个小型创新项目。由于这个小型创新项目接近企业的核心业务，所以企业拥有丰富的数据可支撑大家熟悉的财务数据分析，比如，净现值和折现现金流分析。问题是"在这个项目中预期的净现值投资回报会超过我们的资本成本吗？"结果，通过这些财务模型的分析，大家得出一个（看似）严谨的答案——当然会超过。所有的成本、销售收入和其他估算值都是这样的——因为假设是可以被操纵的。但是，如果有一位经验丰富的高级经理，既熟悉市场和竞争对手，又了解其他相关情况，那他将很容易发现这些答案是多么夸张。

由于存在太多的不确定性，相邻市场创新项目和大型创新项目的财务数据分析遇到的问题要大得多。净现值数据分析实际上可能会阻碍我们的战略思维。反之，我们真正需要的是一个完全不同的方法来决定资源分配。这个方法可以总结为一句箴言："敢想敢做、脚踏实地、无惧失败、扩大规模。"更正式地说，我们需要的是一种实物期权投资。

实物期权是一种投资成本相对较小的投资方式，随着投资项目的前景变得明朗，实物期权让投资方不必承担必须追加投资的义务，却拥有决定是否继续追加投资的权利。这种投资方式运作时伴随着回报分配的不对称性，它往往具有更大的上行潜力而非下行压力。如果下行压力大，遭遇损失或失败的概率很高，那你可以终止这项投资；或者上行潜力更大，最初的冒险尝试呈现出良好的发展前景，那么，你可以在管控风险的同时保留追加投资的权利。你下一步怎么做完全取决于你的前期经验，你完全可以视情况而定。

给自己留有选择的余地，让自己更多地关注到如何减少早期失败的成本，而不是试图去降低失败率。就算你没有更多的选择，也永远不要拒绝任何有助于你积累经验与教训的机会。挫折与失望能给你带来觉醒与顿悟，让你重新开启新的增长计划。长期以来，一些先进企业一直采用这种方法并且受益匪浅。这些企业的做法很值得推广，具体有以下步骤：

1. 初始设计的快速制模成型，同时展开产品概念测试或网络测试市场研究，快速获取市场对设计变化的反馈意见。

2. 创建小规模试点，证明产品生产过程或生产系统的可行性；然后增加投资，扩大生产规模；最后，实现全线投产。

3. 投资小规模的科技型初创公司，为企业获取行业立足点和市场立足点，也为企业后期追加投资增加持股比例保留选择权。与此同时，你为企业多打开了一扇窗户，让企业有机会去了解新科技的发展前景与困境。

4. 在项目早期阶段，项目的某些研发任务或运输任务可以外包给专业公司，以便把项目风险降到最低。如果机会真的来了，你就做好下一轮投资的准备；如果失败了，损失也是可控的。

实物期权这条思路，意味着企业要把考虑的重点放在后续的增长机会上；如果不做先期投资，后续的增长机遇也无法获得。未来机会的价值通常为零，因为它们可能无法实现。在我看来，这种观点是相当危险的，因为它不利于企业增长。一个更合理的做法是给这个新企业做一轮净现值财务数据分析，如果回报低于某些（风险可调的）门槛回报率，那么你就要追问，企业投资的增长项目未来要实现多少现金流才能让这笔投资有钱赚。比如，流量计（由道康宁公司开发的有机硅产品的网络分销平台），有利于企业在对价格敏感的细分市场上展开竞争。如果这一平台仅限于有机硅类产品的分销（在第二章中有详细描述），那么显然这个投资的吸引力也不是很显著。是什么让利益的天平偏向了这个分销平台呢？道康宁公司明确表示，它是一个强大的、可扩展的平台，可用于分销任何未分化的化合物，如乙烯甘油。事实上也是如此，因为平台的固定成本已经被吸收了，非竞争对手企业给平台带来的额外业务利润非常丰厚。

抓住最佳增长机遇，投入市场开发

一个规范有序的战略增长流程能推动增长机遇成功实现商业化，继而促进企业的进一步发展。实现增长过程的最后一个阶段是完成项目的一整套开发流程，旨在抓住最佳增长机遇，迅速打入市场。

本章着重介绍了三重过滤机制，其首要目标是确保企业的所有候选项目接受筛选，然后最佳增长机遇能通过三重过滤最终脱颖而出，这也足以证明这一增长项目值得企业去投入开发人才和金融资本等稀缺资源。在图3-4中分别展示了三重过滤机制的不同角色与功能。图中标记的一条信息很有特点，一款新产品的成功上市，背后可能经历了多个概念性产品的竞争。这一图示仅限于早期研究，只涉及新产品的商业化进程（不涉及其他增长路径），也没有对小型创新项目和大型创新项目进行区分。但是，这项研究从一个非常有利的视角审视机遇在筛选和开发阶段的快速损耗与流失。大致来讲，图3-4的相关数据与我们的发现保持一致：创新的成功率为60%~65%。

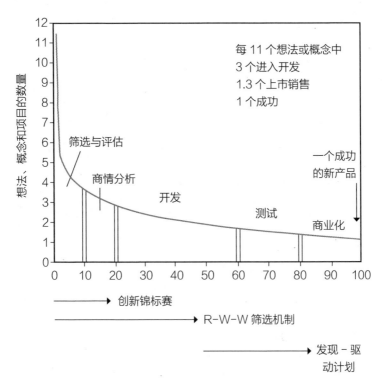

图 3-4 创新概念产品的损耗曲线

这条损耗曲线有一个特征值得注意：一个创新概念产品的开发、测试和商业化进程所需的时长，占将该产品推向市场所需总时长的 80%。难怪，大多数关于创新的文献都以描述这些商业活动为重点。而我们关注的则是更广泛的战略背景，以及在大背景之下具体项目的商业活动情况。

给企业管理者的指导意见：针对当前的商业实践活动，展开自检自查

我从未见过一个管理团队抱怨自己缺乏机会。但是，有的团队会对自己认定的最佳发展机遇缺乏信心，不相信他们有能力从机会候选集合中选定最佳发展机遇。为了检验当前的实践，找到需要改进之处，我认为以下这些问题很有参考价值。

增长机遇的产生过程和挑选过程分别是怎样进行的？这么做是否足以应对挑战？这些过程，企业各部门是否知情，是否广泛参与？最具创新思维的"点子王"有没有贡献出好创意？

项目团队成员和增长计划的倡导者们如何看待筛选机制：筛选机制是作为管控项目能否上马的大闸门，还是改进增长计划的学习机会？在不同的开发阶段，筛选项目需要花多长时间？怎么看待因为多次筛选所花费的时间？他们会把项目筛选当作分散精力、虚耗时间、拖累创新项目，还是会把筛选当作一次可以改进项目的机会或一次获得企业支持的机会？

企业是否会对失望和挫败进行常规的事后调查，以便诊断出失败原因并确定哪些地方需要改进？有多少人持有类似观点？

企业的资源分配与项目注资过程是否主要依赖于金融数据分析？在这些挑战背后的潜在假设是否经过了验证？

当企业要判断是否给增长计划注入大笔资金时，运用什么金融工具来分析或评价？是考虑采用我们都很熟悉的净现值分析，还是考虑实物期权价值分析？你的企业过去做过哪些类型的实物期权投资？哪些项目很成功，哪些项目不太成功？

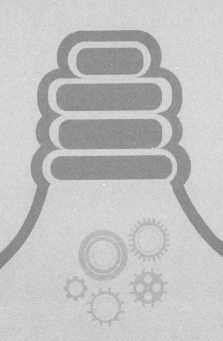

第四章

运用创新能力
实现加速增长

一直以来，3M公司被公认为是创新领域的强者，其业绩表现不断超越各行各业的企业团队。其核心力量源自企业文化，3M公司的企业文化坚信以客户为创新的灵感源泉，公司单独设立一个部门倾听客户的声音与需求，并根据他们的反馈采取行动。正如公司的首席技术官弗雷德·帕伦斯基（Fred Palensky）所言，公司采用由外及内的方式"以客户为本，设法弄清客户的真实需求，无论这些需求在明还是在暗，都据此来判定3M公司是否有足够的能力，用一种独特的、专有的和可持续的方式解决客户的需求问题"。公司具备跨越不同部门解决问题的综合能力。这些企业能力的形成离不开一种相互依存和乐于分享的企业文化。3M公司给工程师留出充裕的时间，让他们通过实验验证新想法，这为公司在业界赢得了美名。同样重要的还有3M公司的创意分享与联合学习的企业文化。此外，公司通过多渠道筹集资金，把大量的好想法转化为可行的增长计划，比如劳恩斯公司授权 3M 公司开展试验，并投入大笔资金资助实验。一旦一个实验看起来很有发展前景，企业资源就会倾力支持试验成果的商业化。害怕失败不再是一个影响创新的因素，3M 公司的企业文化并不排斥"善意的失败"，前期的失败教训会让企业收获经验，同时也为项目在未来重生打下一定的基础。

卓越的创新能力使增长领先型企业，比如 3M 公司、帝亚吉欧公司、赛尔基因（Celgene，美国生物制药公司）和乐高集团，更早地看到发展机会，把更多、更好的增长计划成功推向市场，精准管控不可避免的风险因素，提升企业的创新效率，然后获取绝对的市场优势和竞争优势，让竞争对手无法超越。企业的创新能力就像是企业组织中的肌肉组织，它接受大脑指挥，集中调动企业的各种资源，实现企业的战略意图。

构建创新能力只依赖前几章我们讨论的过程与步骤是不够的。诗人威斯坦·休·奥登（W. H. Auden）曾说过，人如果不先把自己装扮成为心中向往的那个他，就永远不会成为他。制定一套寻求增长的有序流程，就是从多个方面把企业"装扮"得具备创新能力。这是必不可少的第一步。但是企业想要具备创新能力仅靠设定增长战略的实施流程还是不够的。如果企业不解决人员组织架构方面的问题，那也就只能止步于创新企业的"伪装者"。企业需要把三个相互交织的企业组织要素（见图4-1）重新安排、协调重组，才能激发企业的创新能力。

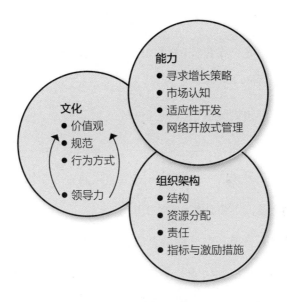

图 4-1　诊断创新能力

1. 文化：整个企业组织共同持有的价值观和信念，并据此定义企业行为的合理性。它通常也被简单概括为"我们企业做事的方式"。

2. 能力：技能、技术和知识的结合，赋予企业力量去执行特定活动和实施创新过程。不要把能力与资产混淆，它是企业全体人员动用可用的全部工具促成的结果。商业创新实践过程可以促进企业能力的增长。

3. 组织架构：企业组织的结构与规则，包括资源分配的方式，确定达成目标的责任主体，以及衡量成功与失败的标准。这不只是一个静态的组织结构图——它体现出企业内部决策和资源的动态流动。

这三个组织要素彼此相互依赖、相互加强。它们不是简单地叠加在一起，相反，它们之间好似乘法关系，彼此相互依存，一荣俱荣，一损俱损。一个僵化的企业组织为了固守自己的地盘，不惜颠覆共享的市场知识，破坏文化创新的成果。一种不重视客户反馈信息的企业文化必将让企业丧失听取反馈意见和整合反馈意见的能力。每一项文化元素都是极其关键的，而企业文化整体则是至关重要的。

当企业活动能得到适当的文化属性的支持时，尝试建立新的创新能力或改善公司的组织架构就会取得成功。相反，企业文化一旦出现功能失调，就会给企业正常的商业活动制造难以逾越的障碍。索尼公司就是一个典型代表，尽管公司凭借其随身听系列产品在便携式音乐方面一度处于领先地位，但它却没能率先推出音乐播放器和智能手机，两度错失发展良机。索尼公司的 CEO，霍华德·斯林格（Howard Stringer）接受索尼的招募，临危受命，承担起革新企业文化的重担。作为曾经的旁观者，斯林格犀利地指出，索尼"虽然现状已有所改变，但维持现状的精神内核依旧如初"。

也就是说，妄想通过颁布一纸命令来创造文化是不可能的。文化不会因为公司老板的说教而得以建立，即便他是最有魅力的领袖也不行。企业管理层鼓励的、提倡的行为在企业内部模式化，受到企业激励措施的进一步鼓励和强化，并由此形成企业文化的基础。一个企业的文化一旦形成，会随着时间的推移自然演变，但在较短的时期内，文化会抵抗变化。我将在这一章重点关注企业通过能力重塑、结构调整，促成企业内部行为模式发生改变，并将这种改变经过时间的沉淀逐渐渗透到企业文化中，进而推动整个企业文化发生变革。但在那之前，有必要先弄清我们企业文化改革的目标：一种创新型的企业文化。

创新文化

一种文化具有多级性与多面性。特征与价值观位于文化层级的最深一级，表现为持久的偏好或愿望。通俗地讲，价值观体现为行为规范与准则，即一个群体内部对适当行为或预期行为所持有的共同信念和看法。企业文化最明显的表现就是高层管理者和企业员工分配时间、利用时间的方式，以及他们在此过程中所表现出的行为模式。鉴于此，企业文化创新最为重要的是企业上层设计定下的文化基调，因此，我们将重点关注领导层的承诺和优先事项。

创新文化的价值观与规范

创新型企业的文化内核必然不会是肤浅或易被遗忘的，对创新型企业的赞美与颂扬比比皆是。创新大师们敦促企业"分享收益""不断地寻找双赢""明白失败来得很快、猝不及防"和"从失败中吸取教训"。每一句话都讲得很有道理，但这些话都只是反映人们对企业"最佳实践"的一种普遍认知。创新大师不能只是沿袭过去的范例，相反，他们要深思熟虑该怎么做才能把企业业绩提升到一个新的高度，并且把他们的新想法付诸实践。

最终，这些创新实践成果将刊载在各类文章和书籍中。但是，人们往往把实践过程从当时的社会历史背景中剥离开，用传统的智慧来解析这些创新实践。当拉夫利（A. G. Lafley）成为宝洁公司的首席执行官时，他面对着一个士气低落的组织，企业的创新速度急剧下降。为了在公司内部形成一股强大的凝聚力，他提出了一句响亮的口号"消费者是老板"。其目的是要向宝洁员工反复灌输这一理念：购买和使用宝洁产品的消费者之所以受到企业的重视，不是因为他们花了钱买过宝洁的产品，而是因为消费者群体能够生成很多好的想法和洞察力。该理念经过多次强化以及他本人矢志不渝的敬业精神，拉夫利成功地将该理念融进宝洁公司的文化价值观中。他的方法取得了成功，但我们有理由相信：同样的理念如果换成是在其他公司，没有拉夫利的敬业精神，也没有企业高层的强化灌输，只是贴个标语、喊句口号，是不可能奏效的。

博斯公司最近开展了一项针对企业高管人员的调查研究，其研究报告指出企业高管最重要的五项文化特征：

1. 对客户和对客户的整体定位的强烈认同（比重分为

0.62）。

2.对企业提供的产品和服务充满热情与自豪（比重分为 0.50）。

3.对技术知识与技术人才的尊重与钦佩（比重分为 0.24）。

4.对客户、供应商、竞争对手和其他行业生成的新想法保持开放态度（比重分为 0.23）。

5.跨职能、跨地域的合作文化（比重分为 0.2）。

略带讽刺意味的是，这项研究原以"创意分享与创意捕获"为研究重点，但我发现在这五项之中，保持思想开放、思想创新的文化价值项所占的比重却非常低。而且，此项研究中各文化特征所占比重均有严格的理论研究作支撑——值得大家重视的是，有大量研究针对的是"市场导向对创新性的积极影响"，并且还认为这与企业的销售业绩高度相关。但总的来说，从这种最佳实践研究中获得的建议，属于"妈妈和苹果派"类别的建议：这些建议就像是生活中的"妈妈和苹果派"，每个人都知道这些想法非常好，很少有人会持不同看法。但这些不疼不痒、乏善可陈的想法与建议却不能推动一种创新文化的建立。

根据我的经验，创新企业拥有一大文化共性就是，他们坚信，比起从成功中学习，认真剖析失败的原因能让企业学到更多东西；一次失败其实是为企业提供一次发现错误、消除错误的机会，并为企业未来创造出更好的产品或服务奠定基础。因此，本章中介绍的这三个高度相关的文化特征，成为区分企业是否具备创新能力的关键。

首先，这些企业愿意拆解他们自己的成功产品。这需要采用一个由外而内的视角，承认客户一旦发现有更好的产品，不管产品的供应商变成了谁，他们皆会自动选择更好的产品。创新者宁愿现在拆解他们自己的成功产品，也不愿意看到未来竞争企业的新产品完全占领市场，真到那个时候自己的产品卖不动了，企业就只能挨饿了。

其次，创新型企业对风险持有与众不同的看法。这些企业愿意接受创新失败带来的高风险，不愿刻意逃避行业竞争，始终止步不前。任何创新计划都有遭遇失败的可能，特别是当创新计划超出该公司现有的能力范围时。创新失败的风险高得惊人，所以，把投资局限于核心业务的诱惑力是相当大的，如此，企业就能在控制风险的前提下，稳妥地获取利益回报。但由于公司不愿意全面探索增长路径，仅靠现有产品获取利润，造成产品的利润回报期越来越短。

创新企业的第三个关键特征是关注未来。创新的文化淡化了企业过去和现在的成功，选择把精力投入下一阶段的商业活动中，继续追求下一次的成功。例如，丰田公司的一部分文化是对成功的项目进行调查，并从中发现未来改进产品的机会。

领导力与文化

领导者的印记被镌刻在企业文化的每个方面。企业文化基调是由企业顶层人物设定的，然后被整个最高管理层放大、推而广之。当企业领导者成为企业文化的创始人时，领导者的事业愿景、优先权和性格优势使其作为企业文化创始人具有极大的影响力。在企业领导者的倡导之下，企业员工尊重领导者的价值观，并表现出领导者所乐见的行为模式。重视创新的领导者鼓励企业员工为了追求新的想法和机会甘冒风险。这样的企业文化赋予每个员工甘冒风险的勇气，因为他们相信，企业的其他成员将会永远支持他们。与之相反，如果企业的经营者以追求短期赢利为出发点，那么企业会倾向于雇用谨慎型员工，营造出一种不良氛围和高压态势，只要是失败必然会追究相关责任人，这就对企业的增长与创新造成了消极影响。

贝佐斯在亚马逊塑造了一种强大的创新文化。在最近的一次采访中，他透露自己为企业挑选人才的标准与方式。他比较偏爱天生具有创新能力的人。当他面试所有的求职者时，他会发出一个很强的信号，"告诉我一些你发明过的东西"。在亚马逊，创新总是值得期待、值得重视的。他尤其喜欢寻找那些采用由外而内的方式接近创新的人。此外，他还通过大量资助创新实验，来鼓励员工改善客户体验。他觉得，在亚马逊，最大的失误不是疏忽大意的不作为，而是员工对领导的言听计从。所以当公司在考虑是否要推出新产品时，他鼓励亚马逊员工大胆说出自己的建议："为什么不这样做呢？"

企业领导者可以有很多种方式来塑造企业文化。一是合理安排时间：他们花在审查项目、团队合作、人才招聘的时间越多，他们的决策速度就越快。通过对项目更加深入的了解，他们能识别出项目团队可能会忽视的弱信号和拐点。许多公司都会定期安排项目进度审查会，好像创新是可以预先安排好似的。在定期会议之外，领导层与项目组频繁互动，可以加快创新计划的互动开发活动，而且还有助于领导者的反思。

　　大多数新公司或快速增长的公司都有一种对创新很友好的企业文化。但随着企业增长变得缓和（这是不可避免的），企业的领导层面临着一个巨大的文化挑战：企业现在尚存一丝优势，企业还要继续追求创新吗？企业要不要转型，谨慎地追求发展？企业是强调从现有的市场地位中获取最大价值，还是继续保持由外向内的发展眼光，随时关注哪些新市场和新机会可以为企业所用？一个保持由内向外发展眼光的领导者很有可能会随波逐流逐渐走向兼并或收购，而不是通过向邻近市场或远端市场拓展来实现企业的有机增长。当越来越多的投资和领导层的注意力集中在交易上时，公司的其他成员会感觉到，企业文化开始发生改变了。

　　然而，通常情况下，即使是那些想要培养创新文化的领导者，也会面临重大挑战。企业的快速发展与扩张，往往会削弱文化的凝聚力（因为企业忙于扩张，可能来不及向新招聘的员工"灌输"企业的文化规范和信仰），也超过了企业现有的组织能力。同时，外部环境也在不断变化。过去在企业内部和外部都奏效的方法，很有可能就不再奏效了。因此，保持企业的创新文化需要领导者愿意定期重检公司的能力和配置，确保他们持续更新公司的创新能力，不断强化创新文化，推动企业的有机增长。

创新能力

企业文化渗透到企业运作的方方面面，构成了企业商业实践的基础。企业能力是指企业参与商业实践行动所必需的技能和经验的总和。企业文化和企业能力形成了一种共生关系——双方相互依存，一方失去另一方将导致企业整体功能失调。双方必须紧密联结，保持一致性，才能更好地推动企业发展。

企业能力是由技能、技术知识和累积性学习成果三者整合而成的紧密统一体，并通过企业的工作流程，不断强化。每家企业都获得了许多能力，使其开展必需的商业活动，推动产品或服务形成价值链条。企业能力不应该与企业资产相混淆，后者是指一个企业所积累的各种资源。企业对工厂、专利或系统的投资不属于企业能力的范畴，因为它们都是实物，而非技能。一方面，企业能力好似黏合剂，将企业资产紧密结合起来；另一方面，企业能力还能让企业资产得到合理部署，实现物尽其用。企业能力不会随着时间的推移产生损耗，事实上，企业能力包含了很多学习能力，所以它运用得越多，就会越强大。

一家企业想超越竞争对手，更好地开展潜在的创新过程就必须拥有卓越的创新能力。创新能力的形成有赖于四项企业能力。第一项是有序推进增长战略实施过程的能力，这为企业寻求增长的活动提供了组织上的保障，这也是这本书前面重点介绍的内容。第二项是支撑企业实现这一战略过程的能力，即市场认知能力，它是由外向内方案的一部分。第三项是开放的网络管理能力，可以说，这项能力在过去的20年里重塑了创新。最后一项是适应性开发能力，将所选择的增长计划通过开发和测试推向商业化。下面让我们更仔细地了解一下后三项企业能力。

市场认知能力

企业能感知市场机遇，回应创新机遇，凭借的是其敏锐的市场洞察力。市场洞察力的形成不是轻而易举就可以形成的。相反，企业要想形成市场洞察力必须善于主动搜寻，学习他人的经验并通过市场感知、感知创建、洞察力应用和从反馈中学习积极参与实践。请记住，所有能力的习得都必须以学习过程作为基础。企业只有通过持续不断的实践才能建立起市场洞察力，并把洞察力提升到一个又一个新的高度。

市场感应力

企业在以下情形下需要市场感应力：即将到来的决策或战略审查、新出现的问题，或创新计划需要对客户需求进行更深入的了解。市场感应的最初阶段表现为主动搜索并获取相关的可操作信息，包括企业已有的知识储备以及企业管理层所掌握的信息。信息搜索完成后，企业就拥有足够的信息可以预测出市场走向，并在竞争对手之前实现该目标。

感知创建

早期的一些发现必须经过提炼，才能形成连贯的认知模式并转化为有价值的洞察力。当企业管理层出现信息误读时，他们倾向于只看到事情的有利因素，而对其不利因素视而不见。这导致感知创建阶段出现许多错误。比如，一旦有人洞察出的事物有悖于普遍认知和传统认知，他们便会遭到管理层的拒绝。一家洗涤剂制造商决定在非忠实用户中寻找增长机遇，它组建了一个多元化的团队来研究这部分用户（主要是女性）。研究目标是了解这部分用户面临的生活压力，她们的愿望与需求，以及她们对衣服的感觉。根据深入细致地对用户的观察，该团队想出了一种新的方法，巧妙利用用户群体的女性情感特质，增加用户忠诚度。可是，这种方法与企业高管对品牌的初始定位背道而驰。为了改变高管们的成见，该团队把他们的观察结果制作成一部一小时"短剧"，短剧脚本就来源于对消费者的沉浸式观察研究的逐字记录。

洞察力应用

洞察力形成后就轮到应用洞察力。如果企业需要深入挖掘其知识储备，回应新出现的机遇，可能需要很长的准备时间，造成计划迟滞。滞后时间越长，企业越需要付出更多的努力去检索旧知识和应用旧知识去解决新问题。对于拥有大量专利的企业来说，应用洞察力会非常富有成效。通常，将企业的现有专利与新科技、新政策和客户偏好相结合就能产生新的产品。例如，康格尼斯公司，一家大型化学产品制造商，开发出一款植物性织物软化剂（大多数软化剂都是以动物脂肪为基底），这款植物性织物软化剂在水中的应用效果不佳，因此不能有效地应用于洗衣机等类似场景。但是后来，康格尼斯公司发现与烘衣机专用纸开发商一起合作，可以应用其现有的专利技术。康格尼斯公司与艾禾美公司一起合作，联合推出一款二合一的衣物柔软除静电纸——同时添加液体织物柔软剂和抗静电剂的烘衣机专用纸。

依据反馈意见深入学习

具有强大的市场认知能力的企业，积极从市场实践中汲取经验教训，并将其不断整合，融入企业下一轮的创新实践中。市场的反应是否符合预期，如果没有，问题出在什么地方？项目的流程和方案有哪些地方值得改进？企业遭遇失败，纵然是让人失望的，但同时要把失败看作一次学习的机会。当企业文化支持员工学习时，失败的教训将在企业内部广泛传播，并将进一步提高企业的实践能力。

开放的网络管理能力

开放这个词有丰富的积极内涵，它意味着扩展性、灵活性、共享性和便捷访问权限。开放的网络管理能力被越来越多地应用于创新过程，其原因在于：通信网络技术的进步，使企业认识到必须协调各市场参与者的利益诉求；许多企业认同，"行业的顶尖人才并不都在我们公司"；成功典型，比如宝洁公司的联发式创新模式。

开放的创新网络种类不一，下面是一个示例：

通过与企业外部伙伴的合作，联合开发。这些联合开发项目后续可以发展为一个合资企业或企业联盟。在这个联盟中，合伙人以一个新的实体形式进入一个正式的、合法的共享安排与布局中。

开放式创新代理平台，比如 InnoCentive、NineSigma 都是提供"众包"服务的第三方虚拟网络平台。它们一方面帮助企业搜寻创意，另一方面，帮助发明者实现技术发布，为新技术打开市场。企业可以通过第三方平台，通过竞赛、挑战的模式实现需求与技术的对接。这类似于在平台上向某个特定的专家群体提出技术外包要求，希望与对方合作解决特定问题，比如设计产品的新功能或创造一种具有特性的新型聚合物。

客户共同创建。这将把客户置于创新过程的中心位置。比如，毛绒玩具的创新，传统的思路是，企业预测客户需求，更新玩具设计，并将其上架销售。与这种方法完全不同的是，玩具熊自制工作坊给顾客搭建了一个自主设计制造填充类玩具的平台。孩子们买了一个动物玩具的空壳，自己开始动手设计，然后用个性化的声音、服装和配饰赋予玩具一个身份。如此，该公司给孩子们营造出一个相当愉悦的客户体验。

员工社交网络。美国的快餐集团百胜［旗下经营"艾德熊"（A&W）、"塔可钟"（Taco Bell）、"肯德基"和"必胜客"等知名品牌］为其30万名员工提供了一个内部的社交网络协作工具，鼓励他们定期使用它来解决问题、分享经验。

一个开放的创新网络处于焦点公司的控制之下。开放式创新网络的运作方式更像是一个私人俱乐部。在这里，你可以自主选择一个或多个合作伙伴，与其共同利用发展机遇，因为合作伙伴之间不存在不可调和的利益冲突，还可以共享资源。这种灵活的合作方式非常适合为客户的问题提供综合性与创新性兼具的解决方案。例如，杨森制药公司帮助医生解决精神分裂症患者易错过药物治疗时间的难题（大约30%的病患会错过药物治疗时间，无论何时，这都是一个颇为棘手的问题）。杨森制药公司与病患监护人、医生、护士、调度人员、诊所以及许多合作伙伴一起通力合作，全程把控药物治疗，把药物从分发到注射的所有步骤全部实施精细化管理，终于克服了重重障碍，确保患者及时接受药物治疗。

在结构上，开放的创新网络表现出一大特点：参与者之间关系密切、相互交织（如图4-2）。虽然这个"纱线球"示意图看上去有点复杂，但它揭示了一部分可能出现的合作组合形式。为了互惠互利，一些企业已经练就了一整套新的技能，高效管理各方的关系与合作。学习这些经验和技能的过

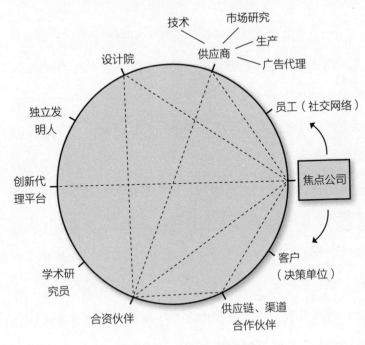

图 4-2　开放式创新网络

程是艰难的，但是别人要想轻松复制或模仿也是不可能的。投资开发这种能力可能会获得丰厚的回报。付出的努力都是值得的，未来企业不但可以实现加速创新与发展，还可以收获一系列应对问题的解决方案，以及更多与合作伙伴分担风险的方式。但是我们具体需要哪些技能和知识呢？

参与市场生态构建，绘制市场生态图

企业首先要多方了解潜在的合作伙伴，并为了解整个市场生态打下一定基础。要学会这种技能，首先要创建一份潜在合作伙伴的集合图。企业一旦确定了与哪些公司合作，就应该汇集各方知识储备，积极保持与合作伙伴的密切联系。通常，良好的关系有助于确保选定的合作伙伴顺利融入创新计划的实施过程中。比如，通用电气公司的许多关联企业都参与过网络协调"行动锻炼"。其目的是集结企业内部的所有执行者和企业外部的所有参与者，识别并绘制他们的生态系统，共同推进创新项目迈向成功。

风险识别与风险管控

企业在开放式创新网络环境下推进项目和计划，需要识别一系列新的风险，做好风险管控。企业通过研究各参与者在市场生态系统图中的作用和联系，主要暴露出两类风险因素，每一类都需要确定针对性方案：共同创新风险，源于你对其他创新参与者的依赖；采用链风险，也就是在消费者评估创新产品的整体价值主张之前，哪些合作伙伴需要采用你所在企业的创新成果，他们在多大程度上依赖于你们的创新成果。

当索尼公司的电子阅读器在 2006 年 9 月推出时，这款产品曾一度被誉为图书行业的 iPod。然而，好景不长，索尼公司未能识别出依赖其他市场参与者的创新成果共同开发新产品的风险，也没有及时采取风险控制措施。结果，这款产品仅仅占领全球市场份额的 10%。就设备本身而言，索尼公司的电子阅读器是一款出色的产品：外观轻巧，操作简单，带有书籍搜索、查找和储存功能。然而，对消费者而言，如果没有可访问的理想内容，一个设备再好也没有多大价值。这是索尼公司电子阅读器的致命弱点。正如罗恩·阿德纳（Ron Adner）观察后得出结论，"可访问的图书库不稳定，存书目录类别划分随意武断，把电子书导入电子阅读器极为不便，与处理这些麻烦事相比，直接去到当地书店或在网上订购一本书会更容易，并且电子阅读器的售价还很高"。要是索尼公司管理层采用一个由外向内的视角审视产品的痛点

（而不是采用由内向外的方法，只做硬件方面的改善），那这款产品的命运肯定会有所不同。

与网络合作伙伴、合作者沟通

在企业把通过开放式创新网络合作开发的新品引入市场时，难免会遇到一些有挑战性的问题：选择哪些合作伙伴？如何激励他们参与合作？当市场环境改变时，如何赢得他们的支持？如何保护知识产权？如何确保产品获取的经济价值能得到公平分配？这些问题不在本书的讨论范围之内。幸运的是，关于企业联盟、合资企业和交叉许可①方面的书籍可以给大家提供一些指导意见。读一读这方面的书，可以了解到如何从系统、人员、机制和结构上保障企业之间的合作创新。

适应性开发能力

当企业想把创新理念推向市场时，大多数企业使用阶段－关卡流程法控制产品的开发过程。这种流程法按照产

---

① 指两个以上专利持有人交换许可，各自允许对方使用自己的专利。——译者注

品从开发到上市发行各流程的自然顺序，把开发过程分为几个不同阶段。创新项目进入每一个阶段前必须先通过一道关卡。项目面临过关审查，这时企业派出高层管理人员与开发团队一起审查项目进度，并决定项目是否能进入下一阶段。因此，每一道关卡就变成了一道过滤系统，每过一关都会产生项目损耗。这使项目获取投资的方式变成了"费用发生拨款制"。只有当项目的进度计划、开发预算、原型试验和生产成本等单项指标的完成进度通过审查后，项目组才能得到下一阶段的资源。这种阶段－关卡流程法脱胎于美国国家宇航局的工程项目管理方式，表面上看似井然有序，实际上它会造成项目流失损耗扩大，导致项目进展出现停顿、混乱与迟滞。

就开发能力而言，不同的企业之间是存在巨大差距的。根据亚瑟·利特尔（Arthur Little）的说法，顶尖企业的项目产出能力是平均水平的五倍。也就是说，假设不同企业在产品研发上投入的资金、时间和其他成本相当，顶尖企业通过新产品实现的收入或利润是其他普通企业的五倍。

开发实力强的公司的领导者、员工已试图从多个方面改进他们的开发流程。首先，公司不能全部采用阶段－关卡流程模式，把所有项目一刀切；其次，小型创新项目、相邻产品项目和大型创新项目之间有轻重缓急之分，理应区别对待（见图4-3）。开发流程的变化也在一定程度上解释了相邻产品项目与大型创新项目的界限为什么越来越模糊。在每一道关卡，一种"有效的"标准做法（适用于小型创新项目）是设定早期目标，假定企业后期的学习会强化项目前阶段的成果。这种做法大大提高了整个开发流程的确定性。在现实中，随着大型创新项目开发流程的不断推进，项目可能会遭遇很多意外（偶发性的或灾难性的），这时项目的支撑性假设会受到挑战和质疑，需要重新考量。

小型创新项目：

相邻产品项目与大型创新项目：

图4-3　阶段－关卡流程的变化

传统的阶段–关卡流程向"精简"关卡转化，会给企业带来更多回报。项目团队不再需要耗费大量时间准备项目"通关"的可交付成果，仅需要准备一个简短陈述报告，并制作几页幻灯片作为补充材料即可。把关人在参加项目进展审查会之前，必须做到对审核项目有一定程度的了解。参会时，把关人只需要了解项目可能面临的风险，以及项目团队承担的相关义务。顶尖的企业正在不断简化他们的项目开发流程，更注重项目的可交付成果和项目责任划分的明确性。比如，乐高集团将项目的平均开发时间从 1999 年的 36 个月缩短到 2010 年的 12 个月，同时还提高了项目的上市成功率。标准化的审核指标被淘汰了。项目在每个具体阶段有哪些具体活动需要证明其可行性，乐高将这一问题的决定权下放到项目团队内部。

组织架构创新

强大的企业文化和精心磨炼的各项能力并不足以确保企业生成卓越的创新力。企业创新的最后一项要素是企业的组织架构与人员配置，它能在企业内部起到协调作用，有效分配企业资源、激发员工潜力、明确各部门的责任与义务，为了实现大家共同的目标而努力。为了完善企业的组织架构与人员配置，整个企业最高管理层必须全心全意解答下列问题。

在企业的最高层管理机构里，谁要对实现增长目标负责？如果未能实现增长目标，会怎么样？

如何分配资源（人员、投资资本和年度预算）？当资源被困在核心业务时会发生什么？

你是怎么记分的？创新"指标显示牌"上的关键指标项是什么？有什么激励措施鼓励个人或团队去实现创新项目的相关指标？

谁来负责员工的识别、挑选和培训，并把员工分派到合适的团队？

这些组织构架方面的问题是不可避免的。要回答好这些问题，管理层不妨自我回顾一下，看看过去有哪些方法是奏效的，别的企业有什么好的经验，坦诚面对可能出现的问题，下决心肃清内部，清除抑制增长的一切因素。不存在什么固定方案，相反，企业的组织架构与人员配置必然会受到遗留因素、竞争态势、市场趋势和领导层决心等因素的影响。不管答案是什么，根据我的经验，领导者们用起来最有效的两个杠杆分别是结构性设计、衡量指标与激励措施的选择。

以创新为目标设计组织架构

重新设计企业的组织架构不是在一张白纸上作画，也不是一切从零开始。相反，通过回溯发展历程，企业可以从成功与失败中汲取经验教训，并以此为基础改进企业的组织架构。企业管理团队必须就阻碍企业组织发展、阻碍企业增长的抑制因素达成一致意见，并一致同意清除这些抑制因素，以减少企业发展的阻力。我认为，有三种结构性抑制因素需要清除。

增长抑制因素之一：分散问责制

如果你靠小型创新项目去参与市场竞争，去满足企业核心业务客户的新需求，那很可能你已经比竞争对手慢了一步，同时你也就成了分散问责制的受害者。企业失去领先优势，如果从组织架构方面找原因，最常见的就是问责分散、问责不明确。由于企业优先事项发生变化，太多的项目争夺相同的资源，问责不明的情况愈演愈烈。这样下去，企业的

IT 部门、生产制造部门或供应链条都有可能出问题。但是，各项目经理只负责具体项目的资源整合和职能规划，他们根本不具备预算权限，因此他们的"分量"还不够，缺乏足够的影响力，不足以改变企业层面的组织架构。

企业可以考虑通过加强监督来减轻抑制因素的作用，比如高级员工组成的工作委员会对项目进行投资组合审查；派出小型跨职能团队负责优先项目。尽管在特定的一个时间段，项目的数量会有所减少，但单个项目完成的速度更快，结果是完成了更多的项目。

增长抑制因素二：受限思维 / 狭隘思维

当这个抑制因素起作用时，企业被局限在一个十分狭窄的范围内搜寻增长机会，因此很难设计或培育出创新的商业模式。2006 年，通用电气公司开始集结其十四个业务部门的力量，加速集团增长。通用电气公司意识到，企业要以实现有机增长为发展目标。如果按照传统的做法，只是把重点放在向全球市场推广新技术应用是远远不够的。为了引入由外向内的视角、扩大增长机遇搜索范围，该企业设定了一个严格有序的战略增长流程，由直属集团首席营销官贝丝·康斯托克（Beth Comstock）领导管理。反过来，她又与业务部门的主管合作，在每个业务部门的领导队伍中派驻合格的市场营销人员，使其在各部门的增长过程中发挥主导作用。这些举措得到了通用电气公司首席执行官杰弗里·伊梅尔特（Jeffery Immelt）的全力支持，并逐渐渗透到通用电气公司的高层管理人员中，通过丰富高层管理团队的人员构成（减少人员流动性，让业务骨干有足够长的时间从他们的增长计划中获得回报）、投资培训、企业能力建设以及将激励措施与创新指标相结合，深入落实企业的一系列增长举措。

增长抑制因素三：方枘圆凿，格格不入

企业如果不考虑现有的组织架构和创新力水平，强行引入大型创新项目只会抑制企业增长。嘉吉公司，世界四大粮商之一，是全球农业和食品供应链中的佼佼者。与许多大型集团、成熟型公司一样，面对与企业现有业务组织相冲突的发展机会，嘉吉公司往往将其摒弃一旁。该公司现有的激励措施实际上抑制了经理们的创新能力，让他们安于舒适区，不愿意承担更大、更长期的风险，即使创新项目很可能获得高额回报。例如，一个嘉吉公司分部在掌握一个低成本供应链的同时，向国家道路部门销售标准的融冰化学品。处于这种超稳定的市场环境中，公司根本无心开发新型除冰化学品——一种能抑制冰形成的环氧树脂覆盖层——应用于多种场景，比如桥梁和高速公路坡道。然而，新的商业模式对嘉吉公司现有的组织结构形成了挑战，嘉吉公司需要引进多种新技能才能实现新型除冰产品的成功上市。

针对企业组织架构出现"方枘圆凿"这样的问题，有许多解决方案可以借鉴。嘉吉公司在内部成功创建了一个全方位服务机构，名为新兴业务加速器，主要负责从企业核心业务之外引进发展机遇，落实人员配备、资金投入和监管措施，兼顾机遇筛选与机遇培育，以此来加速嘉吉公司的业务增长。这个例子恰好佐证了沃尔科特（Wolcott）和利皮茨（Lippitz）所说的"组织权利集中化"和"专用资源管理机构"。企业面对的情形不同，解决方案也会随之不同。企业的组织所有权是否呈现分散状；在企业当前经营的业务中，是否有机遇出现；企业资源是否以一种特别的方式分散开来；企业针对核心业务之外出现的机会是否设有专门预算或战略储备。关键是要确保发展机遇不会被扼杀，不会出现资源短缺，或难以适应现有运营部门的情况。

指标与激励措施

创新指标仪表盘有许多用途，且功能十分强大。这有助于识别创新过程中的薄弱环节，发现增长战略和增长投资组合之间是否脱节。如果上述问题不能及时得到解决，企业可能会为此付出高昂的代价。通过设定改进目标，将激励措施与目标成果挂钩，让各部门的管理人员承担起相应责任。企业高管精心挑选的度量标准是对下属业务部门的一种挑战和考验，同时也是企业战略重点转移的强烈信号。在宝洁公司成功实现企业创新战略的转变过程中，总裁拉夫利就明确下达指标：宝洁公司 50% 的创新项目必须来自企业外部。

一套行之有效的创新指标必须包含下列元素：输入端度量值，如新理念的数量；创新过程度量值，如平均上市时间；业绩度量值，例如，几年来新产品的销售数据、客户满意度和投资组合的净现值数据。然而，大多数业务主管对他们企业设立的创新指标并不满意，主要有两个原因。其一，创新指标只是强调结果，而并不能针对问题给出"诊断意见"。在调查中，我们发现在七项最受欢迎的指标中，有五项都是衡量项目业绩和客户满意度的。如果一个项目的数据看起来很不理想，该怎么办呢？遗憾的是，大多数指标都不能帮助业务部门找到落后或失败的原因。其二，创新指标不能明确项目推进的相关责任。通常，大多数公司都因为缺乏诊断过程或中间过程的改进措施，无法将个人或团体激励机制与创新活动直接挂钩。

设计一套创新指标需要全面考虑、多方权衡。度量指标既不能收集得太多，也不能仅收集那些容易收集的。度量指标必须全面宏观、精准到位。基于他人与我的一些研究成果，我提出两点提示供参考。

重学习、轻评分

指标权重应该向输入度量值和过程效率度量值倾斜。但是哪些指标最有用呢？根据我的经验，公司缺的不是想法，缺的是值得追求的好点子。精准的指标设计会暴露出筛选过程的不严格，保留了太多糟糕的想法；而具体执行人推进项目时马虎懒散，会导致项目通关延迟，或者项目出品质量差，需要重新审核项目的可行性。

量身定制创新指标

显然，创新指标于企业而言不是所谓的"强心剂"，而且，一套指标也不可能适合所有公司。然而，一套行之有效的创新指标能满足以下三个方面的要求。第一，创新指标应能反映企业的战略重点，为企业与市场量身定制。生物科学公司的项目开发周期偏长，适合他们的指标则不适合包装商品销售企业，反之亦然。第二，创新指标能描绘出创新过程的整体图景。第三，作为指标设计者必须意识到，所有的指标都是人为设计的，都可能会有缺陷，同时它们也是各方力量博弈的结果。因此，一套好的创新指标体系，能采用三角剖分法把几个指标结合在一起，得出一张项目全景图，为策略的制定、企业的发展提供参考意见。

有创新能力的企业都在积极探寻哪些指标的参考价值最大，对业务业绩有明显的影响，可以接受组织管理，并为组织所信任。默克公司面对的现实状况，就像所有的制药公司一样，它每年需要评估 1 万种新的药品，平均每种药品从开发到上市需要 6~12 年的时间。不出所料，默克公司 92% 的药品研发项目都失败了，耗费了公司大量的研发预算。在默克公司，最有用的指标是：与竞争对手相比，每个研发阶段所花费的时间、失败前的平均耗时、药品的全部经济价值。

德国包装商品巨头汉高公司，对目标市场的分析与洞察力可谓独树一帜。包装商品市场每年都会推出许多小型新品，但这类产品上市失败率非常高。小型新品的开发时间虽然很短，但是很快就会被竞争对手仿造。汉高公司选择的创新指标得益于下面介绍的这项市场研究。该研究以汉高公司和4家竞争企业在3年半内推出的2237款新产品为研究对象，围绕以下指标展开：新产品的市场份额，新产品投放市场的相对数量（商业活动指标，而非进步指标），市场份额超过1%的产品的上市纪录，品牌市场占有率变化平均值（这项指标显示，新产品是在建立新的市场份额，还是在取代原有产品的市场份额。）研究结果表明，同样都是开发新产品，各家企业获得的利润回报存在显著差异。

提升创新力、运用创新力

身处创新活动战略前端的企业管理人员通过阅读本书，可以探寻到企业实现有机增长的驱动力。我们相信，要想成功推进企业的有机增长必须保持目标清晰，遵循井然有序的工作流程。打造卓越的创新能力离不开企业文化的支持、突出的技能和合理的组织架构。为了加速企业的有机增长，我们需要如实评估企业的能力，通过了解这一章中介绍的研究成果和先进企业的商业实践，打开眼界、吸取经验。在下面这个小板块"给企业管理者的指导意见"中，我提出了一些问题供大家思考和讨论。如何将组织纪律和不惧挫折的精神引入实现有机增长的过程中？弄清这个问题定会让你受益匪浅。祝大家好运！

给企业管理者的指导意见：评估创新能力

就创新能力而言，无论是增长领先型企业还是增长落后型企业都没有资格骄傲自满。增长领先型企业应该站在前人的肩膀上往前看，不断寻求改进以保持领先地位。增长落后型企业需要剖析他们的企业能力三要素，弄清楚是什么阻碍了企业的增长。以下是一些提示性的问题来指导这两种企业寻求改进。

我们的企业文化

我们的企业文化期待创新、重视创新吗？有什么指标可以说明结论？谁是榜样？

我们是逃避风险，还是勇于承担风险？我们如何应对失望与挫败，是把它们视为学习的机会吗？

过分强调从当前运营中获取回报是否会阻碍企业对增长机遇的考量？

我们的企业文化活动是否鼓励员工对知识技能和实践经验的分享？

对来自公司外部的新想法，我们是持开放态度吗？

谁负责倾听客户的反馈意见？融入客户的生活，才能真正了解我们的客户，这个观点有人相信、认同吗？

在我们被迫改变之前，我们做好改变的准备了吗？我们愿意拆解我们的产品吗？

我们企业的能力

我们企业制定增长战略的过程是井然有序的（有丰富的商业活动和平衡的资源分配）吗？我们企业在竞争中是先发制人还是消极应变？

我们是否能够全方位地搜寻各种增长路径或者总是优先选择某些路径？

在理解和预测客户需求方面，我们是比竞争对手更强还是更弱？

我们企业是否具备系统的市场实践能力和学习能力？

与我们的竞争对手相比，我们是否更支持开放式合作？我们企业是否被认定为理想的合作伙伴？

为了绘制我们的市场生态系统，确定企业的定位，挑选最佳的合作伙伴，我们企业都做了哪些准备？我们知道如何更好地调动合作伙伴的积极性吗？

我们企业的组织架构

我们是否做了充分的准备，迎接核心业务之外的新机遇？针对小型创新项目、相邻产品项目、大型创新项目，我们企业的组织方式会有不同吗？

企业各级各部门员工对我们企业的增长战略理解到位吗？

对增长目标的实现，企业是否将具体责任落实到位了？我们是否具备足够的能力评估创新项目的有效性？

资源的实际分配情况如何？针对大型创新计划的长期投资是否得到了充分的保护？

一方面是项目指标、奖励和激励措施，另一方面是企业的最高管理层负责的重大事项，这两者之间是否具有内在一致性？

　　我们对企业的创新指标体系满不满意？这些创新指标有没有反映企业的战略重点？创新指标是强调学习过程还是强调得分结果？

结 论

你有没有觉得,在看过 TED 视频演说或者奇点大学的演讲之后,你的很多原来的观念和想法顿时发生了很大的变化?比如"你知道吗?""转变发生了"这样的视频,仅仅只用 4 分钟的时间就能披露大量的事实根据和科学预测,这些事例无一不是震惊四座。比如,下面的这些例子:

- 中国将很快成为世界上使用英语人数最多的国家。

- 今天的学习者在 38 岁之前将会从事 10~14 份工作。

- 2010 年需求量排名前 10 的岗位在 2004 年根本就不存在。

- 谷歌每月搜索量可达 120 亿次。

- 谷歌只用了一年的时间就达到了 5000 万用户,而无线电广播用了 38 年。

- 新技术的数量每两年就翻一番。

未来，企业将在巨变与动荡中前行。增长领先型企业有机会进一步扩大领先优势。为了充分利用时代机遇，增长领先型企业必须率先发动创新引擎。这需要确定战略规划；采用由外向内的视角，始终专注于为客户创造新价值；熟练应对增长过程中的不确定性。创新引擎的燃料正是创新能力，而企业获取创新能力则有赖于支持性与适应性兼备的企业文化、世界顶尖的技术以及合理高效的组织结构设置。企业的战略规划必须以寻求增长为目标，切实指引创新能力不断增长。只有立足创新，企业才能立于不败之地。

在创新的道路上，过去的成绩不能保证未来的成功。尤其是面对市场的风云变化，企业更当时刻警醒。成功往往会让企业滋生骄傲自满的情绪，导致管理制度松散、组织结构僵化，企业甚至可能因此错失发展良机。曾经名噪一时的行业巨头，比如索尼、夏普、柯达不就是这样吗？这些企业的投资仅限于小型创新领域，总是刻意回避大型创新的挑战。目前，新药开发的市场空间在不断萎缩，全球的制药巨头们正在试图寻找新的增长道路。

在一个不断变化的世界里，面对激烈的全球竞争和不可阻挡的创新，增长落后型企业如何追赶乃至超越增长领先型企业呢？基于本书的主要内容，我给出 5 项建议，供企业管理者参考。希望这些指导建议帮助企业加快实现有机增长的步伐。

建议 1：持续关注客户价值

企业只有保持由外向内的态势才能抢占先机，始终保持技术领先和市场领先。增长领先型企业首先要从企业外部开始，积极、深入地挖掘客户价值，洞悉客户需求。增长领先型企业善于广开言路，多方听取客户信息，敢于挑战传统智慧。这些企业真正坚持由外向内的思路，为企业扩大增长路径搜索范围奠定了良好基础。

持续关注客户需求并不意味着企业不重视员工。企业高管面临的一大挑战就是充分调动员工的积极性，让他们全情投入客户工作中，做到与客户感同身受。如果企业高层管理团队不指导员工开展工作，则不能从企业层面洞察客户需求、帮助客户解决难题。企业组织架构的每个层级和相关职能部门都必须有人熟悉客户的生活状态，了解他们生活中的挫折和难题。如果企业高层管理团队脱离了市场，不重视客户价值，那一切改善都将无从谈起。

建议 2：平衡管理制度与创造力

增长领先型企业都有一套严明的管理制度，既用于规范增长机遇的识别与开发利用，也用于管理项目投资组合的资源分配。增长领先型企业能平衡长期需求和即时的迫切需求，为谋求企业发展提供一份清晰的增长路径图。科学严明的企业管理制度与僵化的程序、空洞的形式主义、耗费时间的层层审批是截然不同的。在创新导向的企业文化中，"冒险与试验部分"和"纪律与结果部分"之间应存在一股不大不小的张力，使双方相互牵制，共同促进企业文化的健康发展。一家创新型企业需要同时运用右脑功能和左脑功能。如果一方完全控制了另一方，企业的业绩表现肯定会受到极大影响。当企业文化支持发散性思维和创造性思维时，大量好的想法会自然生成，但是项目的开发过程将出现拥堵，一时间会有太多项目竞相争夺稀缺资源。对于意外或计划外原因导致的项目"善意"失败，管理团队必须容忍和鼓励，同时从失败中汲取经验教训，为下一轮创新流程的改进做好铺垫。企业管理层倘若缺乏容忍度，项目的具体执行者可能会因为顾虑太多而刻意回避风险。然后，逃避风险的企业文化会颠覆创新过程，结果项目的所有指标都将受到影响，最终企业也只能自食恶果。创新管理制度易受"快速遗忘"定律的影响。除非公司高层管理团队时刻保持警惕，否则创新活动将会严重滞后。为适应市场竞争和满足市场短期需求，一些企业只是根据客户和销售人员的要求对产品或服务做些小调整、小创新。针对这类问题，企业必须确保员工广泛参与对增长战略和增长目标的选择，积极建言献策。此外，为了有效推进企业实现增长目标，必须在企业内部、项目团队内部做到责任划分明确。

建议3：从不确定性中获取利润

在整本书中，我们总是见到固有的不确定性持续笼罩着创新项目的发展前景。实现加快增长的诱惑力往往伴随着来自技术、市场和竞争不确定性的下行威胁与风险。因此，盲目追求增长速度可能为企业健康发展带来沉重的负担。但是，我们没有理由因噎废食。让企业的竞争对手去纠结吧，他们密切关注着我们企业的动向，总是试图追赶。增长落后型企业的日子比较难过，因为一味地被动模仿不太可能产生卓越的客户价值或充足的利润回报。增长领先型企业通过培育悦纳风险的企业文化，深刻剖析现有产品的销售数据，持续不断地支持创新实验，切实推动企业增长，始终保持领先优势。回想一下增长领先型企业的成功秘诀："敢想敢做、脚踏实地、不惧失败、扩大规模"。增长领先型企业已经掌握了重要的思维工具：全场景思维，实物期权思维，以及发现–驱动计划，能做到科学评估风险与管控风险。

建议4：两手同利、两手同能

一个人双手同样灵巧则被认为拥有"两手同利"的天赋，这是一种相当罕见的技能。一个企业"两手同利，两手同能"，那么该企业能同时兼顾两种增长方式，一方面探索新机会，另一方面利用当前的业务获取最大的短期收益。

于企业而言，这当然也是一种十分罕见的技能。增长领先型企业掌握了这种技能，就意味着他们在市场竞争中具备了决定性优势。"两手同利，两手同能"很难被竞争对手模仿。实现"两手同利，两手同能"的前提是企业具备以下三种能力：

第一，沿全方位增长路径，全面搜寻增长机遇。企业按照创新流程，全面考量项目的风险与回报，遴选出潜力巨大的优质项目。

第二，在严格分析论证基础上，正式建立一套增长计划，并通过反复测试和试错实验加快企业的学习步伐。增长领先型企业尤其重视实验的指导作用，它们可以避免企业走进死胡同，让企业减少损失。增长领先型企业遵循整体增长战略，积极调配资源支持最有潜力的项目。

第三，在组织层面，"两手同利，两手同能"要求企业在内部单独成立一个部门，专门负责管理相邻市场项目和大型创新项目，直接向企业高层汇报工作。其与企业现有组织的分离，有利于保持创新项目团队的相对独立性，加上高层的监管与短期的激励措施，能给项目组创造一个相对自由的发挥空间。上马创新力度大的项目于企业而言就好像

"将方栓插入圆洞"，要将这种原本格格不入的情况彻底改变，企业管理层不下决心在组织架构上做出调整是不会成功的。

建议 5：全体动员

创新是一项团队活动，但团队成员由哪些人构成呢？随着开放式创新的出现，增长领先型企业率先找到了新答案。企业把创新项目拓展到核心业务之外，接纳来自企业外部的想法和人才。这种开放式创新和外包有所不同。外包意味着创新活动整体被移交给一个外部的合作伙伴（不过，这可能也是个好主意）。相反，在企业外部的延伸网络中，企业可以找到技术问题的"现成"解决办法或方案。宝洁公司和其他企业的经验表明，开放式创新的规模更大，能创造更多的经济价值。

增长领先型企业意识到，必须把增长策略向全体企业员工大力推介，不能只是简单地交流意见。当增长战略的各部分紧密结合时，企业的每一个员工可以亲自见证自己的想法和做法成为支持企业增长的一股股力量。只有这样，才能充分调动企业员工的积极性和主动性。通过全体动员，企业能信心十足地运用创新能力，加速推进其有机增长进程。

附录 A

在风险量表上定位项目

要清晰定位每个创新产品或创新概念可以完成下表：项目的六项具体描述信息位于表格左侧列；评分标准分布在表格顶部横排（分值为 1~5 分）。六个单项得分加在一起，得出预期市场的量化数据，确定项目的风险量表 x 轴坐标。第二个产品 / 技术量表得出的分数，用以确定项目的风险量表 y 轴坐标。

预期市场						
	与当前市场一样		与当前市场部分重叠		与当前市场完全不同或完全未知	
客户行为和决策过程将会	1	2	3	4	5	
我们的销售和分销活动将会	1	2	3	4	5	
竞争环境（市场现有参与者或潜在的参与者）将会	1	2	3	4	5	

	高度相关		部分相关		完全不相关	
我们现在的品牌承诺	1	2	3	4	5	
我们现在的客户关系	1	2	3	4	5	
我们现在对竞争对手的行为和意图的了解程度	1	2	3	4	5	
					总分（x 轴坐标）	

产品 / 技术					
完全适用		将需要极大改进		不适用	
我们现有的开发能力	1	2	3	4	5	
我们的技术水平	1	2	3	4	5	
我们的知识产权保护	1	2	3	4	5	
我们的生产制造和服务交付体系	1	2	3	4	5	

	与现有产品一致		与现有产品部分重叠		与现有产品完全不同	
必需的知识和技术基础	1	2	3	4	5	
必要的产品和服务功能	1	2	3	4	5	
预期质量标准	1	2	3	4	5	

总分

（y 轴坐标）

附录 B

R-W-W 筛选机制

在筛选一个产品概念时，首先要弄清楚这个市场是否真实存在，这个产品能否满足该市场的需求。通过这些步骤，企业可以慎重考量这个产品开发项目的开发潜力和市场的竞争程度。

在调查产品的潜在市场之前，你可能会去想这个产品的可行性。其实，首先应该做的是确定市场是真实存在的，原因有二：其一，与制造产品的技术能力相比，市场的稳健性总是很难确定。这就是项目风险程度量表的提示信息之一。量表相关数值表明，当企业对市场的陌生度超过企业对产品或技术的陌生度时，产品失败的概率随之上升。其二，确定市场的性质可以阻止新一轮代价高昂的"技术推动"计划。一些企业总是受到这种"技术控"综合征的困扰，它们只重视如何解决问题，却总是忽略什么问题需要解决，客户的哪些需求需要被满足。

真的有市场吗？

只有在满足以下四个条件时，市场机会才会真实存在：提议的产品将比现有的产品更好地满足需求或解决问题；客户具备购买产品的能力与条件；潜在市场足够大，值得探索；客户愿意购买该产品。

市场对该产品是否有需求？通过市场调查，借助观察法、民族志学研究方法①和其他分析工具来探索客户的行为、欲望、动机和挫折，深入挖掘潜在需求和未充分满足的市场需求。一旦确定客户需求，下一个问题是弄清客户是否具备购买产品的能力与条件。即使所提议的产品能满足客户需求、提供上乘价值，当存在一些客观障碍阻止了客户的购买行为，产品没有实现销售，市场也就不存在。

团队接下来需要思考，潜在市场的规模是否足够大？除非有足够多的潜在买家来保证产品的开发，否则也不能算是真的市场机遇。

----

① 民族志学研究法根植于人类学研究和跨文化研究，从广义上讲，包含了对特定群体的社会和文化生活的所有研究。——编者注

最后，这个团队还必须要思考，客户愿不愿意购买该产品？针对购买行为，是否存在主观障碍？如果该产品存在替代品，客户自然会货比三家，辨别新产品是否在特性、功能或成本方面更胜一筹。

真的能做出产品吗？

待弄清市场的现实状况后，企业就应该密切关注产品概念，并展开对预期市场的调查。

产品概念清晰吗？在产品开发之前，产品的技术要求和性能要求通常定义较为模糊。对产品的具体特性，团队成员持有不同看法。现在是时候公开这些想法并明确到底要开发什么样的产品了。随着项目的推进，项目团队对市场的现实状况了解得更深入，对产品的具体要求也会更加明晰。

产品能被制造出来吗？生产产品的相关条件具备吗？如果产品概念是清晰可靠的，团队接下来必须探索生产产品的可行性。用现有的技术和材料能否创造出这款产品，是否还需要某种技术突破？如果这个产品可以被制造出来，其生产与交付是否具有成本效益？产品是否会由于价格过于昂贵而没有客户购买？

最终的成品能满足市场需求吗？在开发过程中可能会出现不可预见的技术困难或系统问题，我们会权衡利弊，适当改变产品的特征、属性与性能。在开发路上的每一个转角处，一种旨在满足客户期待的产品可能失去了一些潜在的吸引力。

未能监控这些转变，会导致一个在设计图纸上看起来很棒的产品在推向市场时遭遇失败。

我们会赢得竞争吗？

只是找到一个市场机遇并不能保证创新成功。这个机会看上去越真实，饥饿的竞争对手也越有可能瞄准了它。如果这个市场已经建立起来了，市场的占有者将不惜抄袭或仿制，也要捍卫自己的地位。

这个产品能有竞争力吗？如果消费者认为这款产品能提供更高的价值，更多的益处，比如功能更强大，生命周期成本更低以及安全性更高，那么客户将忠实于这款产品。新产品开发团队必须评估特定产品的所有感知价值来源，并慎重考虑产品是否具有竞争优势。其他人的产品能给客户提供同样的价值或好处吗？

这个优势能延续下去吗？第一道防线是申请专利。项目团队应评估现有专利与待开发产品的相关性，然后决定需要额外申请哪些专利来保护相关的知识产权。企业应该思考竞争对手能否通过"逆向工程"[①]还原产品的生产制造过程，或者竞争对手能否在规避专利问题的情况下，进行产品复制或改造。

竞争对手将如何应对？一个好的开始是进行"红队"练习（假想敌练习）：如果对手要攻击我们的产品，他们会发现什么漏洞？我们如何才能减少漏洞呢？企业常犯的一个错误是，假设竞争对手停滞不前，等待企业做好产品开发、完成产品调试，最后成功上市。因此，新产品开发团队必须考虑当我们的产品推出时，竞争产品会是什么样子；我们的产品上市后，竞争对手做何反应，企业又将如何应对。最后，团队应该研究这种相互竞争对产品价格可能带来的影响。我们的产品能经受住一场持久的价格战吗？

---

① 即采用逆向操作法，对已有产品进行解剖。——译者注

我们的企业有竞争力吗？确定了产品的竞争力后，团队必须考量企业的资源、管理和市场洞察力是否优于竞争对手。如果没有优势，那无论产品做得有多好，企业都不可能保持领先。

我们有更好的资源吗？当企业拥有或能够获得比竞争对手更多的资源去增强客户对新产品价值的认知时，企业成功的概率将显著增加。卓越的工艺、服务交付、物流或品牌资产可以更好地满足客户的期望，加大新产品的获胜优势。

我们有合适的管理人员吗？企业是否有直接的或相关的市场经验？其开发技能是否与项目的规模和复杂性相匹配？项目是否符合企业的文化，是否有合适的领军人物？项目成功需要一个充满激情的队长摇旗呐喊，激励团队；向高层管理组织作项目推介；一路上，带领全体成员坚定意志、清除疑虑或克服逆境。

我们能理解市场信号并及时响应吗？产品开发项目要取得成功，必须要掌握市场研究工具，洞察客户需求，并与开发团队成员分享见解；必须反复寻求潜在客户的反馈意见，并据此改进产品概念、原型和定价，确保产品不会中断开发过程，被迫返回去修复缺陷。

值得开发吗?

如果一个机遇通过上述测试,也并不意味着它值得开发。在企业能承受相关风险的前提下,这个产品能实现赢利吗?只有最高管理层认可开发产品的预期回报会高于成本,他们才会投资这个项目。项目组需要预测资本支出的时间节点和数量、营销费用、成本和利润率;按照盈亏平衡时间点、现金流、净现值和其他标准的财务业绩指标来审查项目;分别依据激进型和谨慎型两种上市计划,评估项目的赢利能力和现金流。财务预测还应包括产品的延伸成本,以及为了在竞争中保持领先地位所付出的产品改良支出。

风险是否在企业可承受范围内?预测的风险可以通过标准的灵敏度测试进行初步评估:价格、市场份额和上市时间的微小变化将对现金流和盈亏平衡点带来怎样的影响?如果输入端相关假设的微小变化会引起项目财务数据的巨大变化,则提示项目风险程度较高。财务分析应考虑机会成本,将资源投入一个项目可能会阻碍其他项目的发展。

推出该产品有战略意义吗?即便市场和产品概念都具有很高的可信度,产品和企业赢面较大,项目可能会赢利,但推出该产品也不一定具有战略意义。我们要解答的第一个问题是："该产品是否符合企业的整体增长战略？"换句话说，这款产品能否通过扩大生产规模、改善物流或其他功能等方式，来增强企业的综合能力？这款产品会对品牌资产产生积极的还是负面的影响？新品的销售会"蚕食"或改善企业现有产品的销售吗？（我们应该思考，如果企业现有产品销售额出现下降，是被自身推出的新品挤占销售更好，还是被竞争对手夺走市场份额好？）新品推出是加强了还是损害了企业的关系网络——持股人、经销商、分销商、监管机构等？该项目是否为后续业务或开发新市场创造了机会？